고산서원

전병철

경상국립대학교 한문학과에 재직하고 있다. 「남당 한원진의 대학 해석 연구」로 석사학위를, 「대산 이상정 성리설의 회통적 성격」으로 박사학위를 받았다. 주된 연구분야는 경학과 성리학을 위주로 하는 유학 사상이다. 이와 관련된 학술서로 『남명의 심학』(2016), 『경남 유학의 맥』(2023) 등이 있다. 또한 조선의 유학 사상과 산악 문화가 서로 조응하는 관계에 관해 해명하기 위해 지속적인 연구를 진행하고 있다. 관련 번역서로 『국역 두류전지』(2017)가 있다.

한국의 서원 100선
○○⑤

고산서원
高山書院

영남 퇴계학의 중흥

전병철

문예원

머·리·말

어떤 장소는 '의미'로 인해 평범한 공간과 다른 특별한 곳이 된다. 예를 들자면, 어떤 공원이 다른 사람들에게는 일반적인 공원과 다름없는 곳일지라도, 잊을 수 없는 소중한 사람과 함께 거닐던 추억이 있는 사람에게는 유일하고 특별한 장소가 된다. 그러므로 장소성은 사람들이 그 공간에 대해 가지는 의미에 의해 늘 새롭게 생겨난다.

대산大山 이상정李象靖(1711~1781)을 제향하고 있는 고산서원高山書院은 제자들과 후학들의 각별한 정성과 노력으로 건립되어 지금까지 보존되고 있다. 이상정은 서른 살 때 높은 산과 깊은 물, 바람과 안개가 감도는 것이 너무도 좋아 집을 지어 은거하고 싶은 곳을 발견했다. 하지만 그 꿈은 30년이 지난 뒤에야 고산정사高山精舍라는 결과로 이룰 수 있었다. 이상정은 오랜 시간을 기다린 만큼 고산정사를 무척 아끼고 좋아했다. 주변의 나무와 바위에도 이름을 붙여 벗으로 함께 했다. 그는 이곳을 허락하신 하늘의 뜻을 저버리지 않기 위해 하루하루의 삶을 아름답게 가꾸며 살아갔다.

이상정이 별세한 뒤, 그의 제자들은 이곳을 "선생께서 평소 도道를 강론하시던 장소이고 산천은 예전 그대로여서 어제인 듯 생전의 모습이 생생하다."라고 생각하여 스승의 뜻을 이어나갔다. 이곳에 새로운 건물을 지어 고산서당高山書堂으로 규모를 확장하고 백여 명의 후학이 모여 스승의 저술을 강론했다. 오랜 세월이 흘러도 이러한 정성과 노력은 계속되어 경행사景行祠라는 사당을 건립하여 이상정을 제향했다. 다시 그때로부터 많은 시간이 흘러 이상정의 아우 소산小山 이광정李光靖(1714~1789)을 배향하여 두 분이 함께 경행사에 계시도록 모셨다.

이상정이 건립한 고산정사, 대산학단의 학자들이 지켜나간 고산서당과 고산서원. 오늘 여기를 찾은 나에게 이곳은 그저 평범한 공간인가? 의미로 가득찬 장소이며, 특별한 만남으로 들어가는 문인가? 어떤 곳의 의미와 장소성은 스스로 열고 닫을 수 있을 뿐이다.

전병철

차례

프롤로그

스스로 지은 묘갈명[自銘] : 이황

태어났을 땐 크게 어리석었고,	生而大癡
자라서는 병이 많았네.	壯而多疾
중년에 어찌 학문을 즐겼는가?	中何嗜學
만년에 어찌 벼슬에 나아갔는가?	晩何叨爵
학문은 구할수록 더욱 멀어지고,	學求猶邈
벼슬은 사양할수록 더욱 얽혔네.	爵辭愈嬰
벼슬에 나아가면 넘어졌고,	進行之跲
초야에 물러나면 올곧았네.	退藏之貞
나라 은혜에 깊이 부끄럽고,	深慙國恩
성현 말씀이 진실로 두렵네.	亶畏聖言
높은 산은 우뚝이 솟아있고,	有山嶷嶷
근원의 물은 쉼 없이 흘러나오네.	有水源源
한가로이 초야의 선비로 돌아오니,	婆娑初服
많은 비방에서 벗어나게 되었네.	脫略衆訕
그리운 분 저 멀리 있으니,	我懷伊阻
나의 패옥 누가 감상해줄까?	我佩誰玩
내가 옛사람을 생각해보니,	我思古人
진실로 내 마음을 미리 아셨네.	實獲我心
어찌 알랴? 후세 사람 중에	寧知來世
지금 내 마음을 모른다고.	不獲今兮
근심 속에 즐거움이 있고,	憂中有樂

즐거움 속에 근심이 있네.	樂中有憂
조화를 타고 돌아가리니,	乘化歸盡
다시 무엇을 구하랴?	復何求兮

고시를 본뜨다[擬古] : 이상정

그윽한 골짜기에 난 외로운 난초여,	孤蘭生幽谷
부질없이 절세의 미를 지녔구나!	絶艶空自持
담담한 얼굴빛이 곱기도 한데,	淡淡顏色鮮
한들한들 향기로운 꽃술이 늘어져 있네.	冉冉香蘂垂
세모에 누가 나를 감상해 주리?	歲晏孰華余
그윽한 향은 자신만이 알 뿐이네.	幽芳只自知
지극한 사람은 은둔의 뜻 품고서,	至人抱遐心
적막하게 어디로 향하는 건가?	寂寞何所之
나의 옷은 어찌 그리도 찬란한가?	我衣何粲粲
나의 패물은 누가 완상해 줄까?	我佩誰能玩
곧은 마음 진실로 변치 않는다면,	貞心苟無變
세상사 어찌 한탄할 것이 있으랴?	世事何足歎[1]

1 李象靖, 『國譯 大山集』 제1책, 「擬古(庚戌)」, 한국고전번역원, 67쪽.

스무 살의 청년이 자신이 추구할 삶의 목표를 정했다. 그윽한 골짜기에 외롭게 핀 난초, 감상할 그 누구도 없는데 절세의 아름다움을 지녔다. 적막한 숲속에 저 홀로 그윽한 향기를 품고 있다. 조선의 해가 저물어가는 18세기, 이 청년은 은둔의 뜻을 품고 적막하게 어디로 향해 갔는가? 천년 전에 이 마음을 품은 주희를 그리워했고, 이백년 전 이런 삶을 살아간 이황을 닮고자 했다. 그는 마지막 숨을 거둘 때까지 이 시처럼 살았다.

고산서원의 제향 인물

1. 주향자 : 대산 이상정

1) 일생의 행적

18세기는 우리나라 역사상 중요한 시기였다고 평가할 수 있다. 국외에서는 자국의 이익을 위한 탐색과 정복이 전 세계적으로 점점 표면화되어 나타나기 시작했다. 국내에서는 오래된 내부의 갈등과 모순으로 새로운 시대를 향한 열망이 전반적인 영역에서 꿈틀대며 일어나고 있었다.

대산大山 이상정李象靖(1711~1781)은 바로 이러한 시기에 태어나 자신의 소임을 온전히 다한 학자라고 말할 수 있다. 그 시대에 영남퇴계학파의 학자로서 자신이 짊어져야 할 사명이 무엇인지를 분명히 인식하고 그것을 위해 숨을 거둘 때까지 노력한 학자라고 평가할 수 있기 때문이다.

이상정이 자신의 소임으로 받아들여 종신토록 노력한 그 일은 무엇일까? 그의 삶 속에 나타난 행적과 후대에 남겨진 저술을 통해 살펴보기로 한다. 먼저 삶의 행적을 요약해 본다면, 자는 경문景文, 시호는 문경文敬, 본관은 한산韓山이다. 문효공文孝公 가정稼亭 이곡李穀(1298~1351)과 문정공文靖公 목은牧隱 이색李穡(1328~1396)의 후손으로, 처사 이태화李泰和와 밀암密庵 이재李栽의 딸인 재령이씨載寧李氏 사이에서 1711년(숙종 38) 정월 29일 안동부 일직현一直縣 소호리蘇湖里에서 태어났다. 선대는 서울의 낙선방樂善坊에 세거했는데, 광해군 때 폐모론廢母論이 일어나자

목은 이색 초상화

(한국국학진흥원 소장 - 한산이씨 수은종가 기탁자료)

고조인 수은睡隱 이홍조李弘祚가 벼슬을 버리고 남쪽으로 내려와 안동에 정착했다.

14세 되던 해(1724) 겨울, 외조부 이재에게 나아가 수학했다. 이때부터 한 해에 한두 번씩 수개월 동안 머무르면서 경전 및 성리학에 관련된 서적들을 공부했다. 한 번은 「태극도설太極圖說」을 공부하다가 기화氣化와 형화形化의 뜻을 "뜰의 풀이 절로 자라는 것은 기화이고, 씨앗이 떨어져 생겨나는 것은 형화입니까?"라고 여쭈었는데, 이재가 그의 총명함을 칭찬했다.

19세 때 동생인 소산小山 이광정李光靖(1714~1789)과 함께 포헌逋軒 권덕수權德秀(1672~1759)를 찾아가 한 달 동안 머물면서 평소 가지고 있던 의문점들을 질의했다. 이후 선배로서 존중하여 예방한 인물로, 병곡屛谷 권구權榘(1672~1749), 눌은訥隱 이광정李光庭(1674~1756), 난졸재懶拙齋 이산두李山斗(1680~1772) 등이 있다.

동학으로서 학문적 교유를 나눈 인물로, 강좌江左 권만權萬(1688~1749), 청대淸臺 권상일權相一(1679~1760), 구사당九思堂 김낙행金樂行(1708~1766), 백불암百弗菴 최흥원崔興遠(1705~1786), 남야南野 박손경朴孫慶(1713~1782) 등이 있다. 이 중 최흥원에게 아들 이완李埦(1740~1789)을 보내 수학하도록 했다.

20세 되던 해(1730) 2월에 요堯·순舜·주공周公·공자孔子를 비롯한 송대宋代 8군자 등 25인의 유상遺像을 직접 그리고 찬술贊述을 모은 다음, 이황의 「병명屛銘」을 붙여서 『성현유상聖賢遺像』을 편찬했다.

이해 5월에 외조부 이재의 상을 당했다. 의지할 곳을 잃은 슬픔이 컸지만, 학문에 더욱 힘쓰기 위해「병명屛銘」8첩과「자경명自警銘」을 지었다.

「자경명」의 내용은 다음과 같다.

네 맘은 어떠한가?	爾靈維何
만물 중에 빼어나네.	秀萬物
네 직분은 무엇인가?	爾職維何
백덕을 총괄하네.	括百德
네 삼가고 공경하면,	爾維敬謹
성현과 같이 되고,	與聖同致
네 멋대로 게으르면,	爾維怠肆
모든 악이 쌓이네.	衆惡之委
네 마음을 놓치고서,	爾心有放
어찌하여 찾지 않는가?	爾胡不求
네 덕을 잃었는데,	爾德有失
어찌하여 닦지 않는가?	爾胡不修
네 성품이 편협하니,	爾性褊狹
넓어지도록 바로잡고,	矯之在弘

네 바탕이 유약하니, 爾質柔懦
강해지도록 경계하라! 戒之在剛

말 많음은 도를 해치니, 多言害道
너는 말 참기를 생각하라! 爾維思訒
망녕된 행동은 화를 부르니, 妄行致厲
너는 삼가기를 생각하라! 爾維思謹

너의 기운을 잘 다스려서, 爾治爾氣
혼탁함을 밝음으로 바꾸고, 易昏以明
너의 뜻을 미리 방비해서, 爾防爾意
사를 버리고 성을 보존하라! 去邪存誠

먹을 때나 마실 때에, 有飮有食
너는 삼가고 조절하며, 爾維愼節
거동할 때나 거처할 때, 或起或處
너는 엄하고 정숙하라! 爾維嚴肅

의관이 기울어 있으면, 衣冠攲側
남들이 모두 비웃으며, 人皆爾嗤
말이 거칠고 허탄하면, 語言麤誕
남들이 비루하게 보네. 人皆爾鄙

너에게 부형이 있으니,	爾有父兄
어찌 효도하지 않으리?	曷不思孝
너에게 어른이 있으니,	爾有長上
어찌 공손하지 않으리?	曷不思弟
사물을 상대하고 응할 때에,	接物應事
네 혹시라도 도리를 어기지 말라!	爾毋或舛
고생과 어려움 겪을지라도,	歷亂履險
네 혹시라도 뜻을 변치 말라!	爾毋或變
네 어찌 공경치 아니하리?	爾胡不敬
좋은 말씀 여기에 있네.	有言在玆
이 글이 네 옆에 있으니,	書在爾傍
너의 정신이요 스승이라.	爾神爾師[2]

1735년(영조 11, 25세) 대과에 급제한 후, 연원 찰방·연일 현감·사간원 정언·승문원 참지 등의 관직에 제수되었다. 그런데 관직에 나아갔다가 곧 돌아오거나 애초에 병을 핑계삼아 사양한 경우가 대부분이었으므로, 실제 재직한 기간은 얼마 되지 않았다.

2 李象靖,『國譯 大山集』제8책,「自警銘」, 한국고전번역원, 275~277쪽.

이처럼 이상정은 관직에 나아가는 일에 적극적인 태도를 보이지 않았다. 그 이유를 생각해 보자면, 현실에 대한 관심과 개혁 의지가 있었음에도 불구하고 자신의 뜻을 펼칠 수 있는 시대가 아니라고 판단했기 때문이다.[3] 그는 민생의 고통과 풍속의 퇴폐를 말할 적마다 자신이 오랜 병을 앓는 것처럼 진정으로 탄식하고 근심했다. 「과거사의科擧私議」를 지어 과거의 제도적 모순과 병폐를 세밀히 진단·분석하고 나아가 개혁방안까지 제시하는 등 현실에 대한 관심과 개혁 의지를 가지고 있었다. 그러나 결국 관직에 적극적으로 나아가지 않고 재야에서 강학과 저술에 힘쓴 까닭은 당시 노론 중심의 정권 구도에 연유한 것이라고 볼 수 있다.

영조는 탕평책을 통해 붕당세력을 약화·축소시켜 정국의 안정을 추구하려 했으나, 왕위계승의 정통성을 보장받고 집정을 합리화하기 위해서는 어쩔 수 없이 노론에 기울지 않을 수 없었다.[4] 또한 1728년에 소론과 남인이 연합하여 일으킨 무신란은 그들의 입지를 더욱 약화시키고, 노론의 일당전제 정국이 되도록 한 계기가 되었다. 이러한 정국 구도로 인해 이상정은 관직보다는 학문 연구에 뜻을 둔 것으로 이해된다.

1737년(27세) 자제들을 가르칠 수 있도록 집안 어른들이 서당을 지어 주었는데, 그는 대석산大夕山의 산이름을 취해 '대산서당大山書堂'이라 이름했다. 이를 계기로 이상정은 강학과 저술에 더욱 힘을 쏟기 시작했

3 李象靖, 『大山先生實紀』 卷3, 「敍述」. "先生 宏材遠業 退然處於畎畝之中 而未嘗無意於世 每語及生民勞苦風俗頹敗 眞切憂歎 若己痒痾 一出僻縣 略見施設 意以時與志違 義有不可遂絶意名宦."

4 『한국사』 9, 「붕당정치의 전개와 정국의 변화」, 한길사, 1994, 130쪽.

대산서당 현판(한국국학진흥원 소장 - 한산이씨 대산종가 기탁자료)

만수재 현판(한국국학진흥원 소장 - 한산이씨 대산종가 기탁자료)

는데, 1739년(29세) 때 「과거사의」·「만수록晩修錄」 등을 저술했다.

「만수록」은 소동파의 '못난 선비 늦게 도를 들었으니, 애오라지 졸박하게 자신을 수양한다네[下士晩聞道 聊以拙自修]'라는 시구에서 제목을 취한 것이다. 이 저술은 이상정이 29세의 나이에 관직을 그만두고 삶의 새로운 전환을 추구할 즈음 자신의 생각을 기록해 둔 것으로, 그의 학문이 지향한 방향성을 이해하는 데에 중요한 자료이다. 더욱이 30세를 기점으로 왕성하게 저술 활동을 시작했는데, 이런 사실로 미루어 보아 「만수록」을 통해 자신의 학문 토대와 지향을 정리한 후 이로부터 구체화하고 체계화하는 방향으로 나아간 것이라 이해된다. 「만수록」은 총 71조목으로 구성되어 있는데, 그 내용은 1) 세계와 인간에 대한 이해, 2) 학문의 목표와 자세, 3) 자기 확립의 방법과 처세에의 적용 등 세 가지 주제로 분류할 수 있다.

1740년(30세) 4월에 주왕산을 유람했으며, 5월에 구담으로 올라가 『서명西銘』과 「경재잠敬齋箴」을 강론했다. 11월에 아들 완埦이 태어났다. 이해에 「솔성지위도설率性之謂道說」을 저술했다. 1741년(31세) 2월에 휘릉별감에 제수되었으며, 4월에 휴가를 받아 고향으로 돌아왔다. 6월에 『제양록制養錄』을 저술했으며, 『퇴계서절요退溪書節要』를 편찬했다.

1742년(32세) 4월에 승문원 부정자副正字로 복귀했으며, 12월에 승문원 정자로 승진했다. 1743년(33세) 1월에 『대전춘첩자大殿春帖子』를 지어 올렸다. 1744년(34세) 1월에 부사과副司果로 승진했다. 3월에 「일성구사덕설一性具四德說」을 저술했으며, 7월에 「이기동정설理氣動靜說」과 「이기선후설理氣先後說」을 지었다. 이해에 『이기휘편理氣彙編』을 완성했다. 1745년

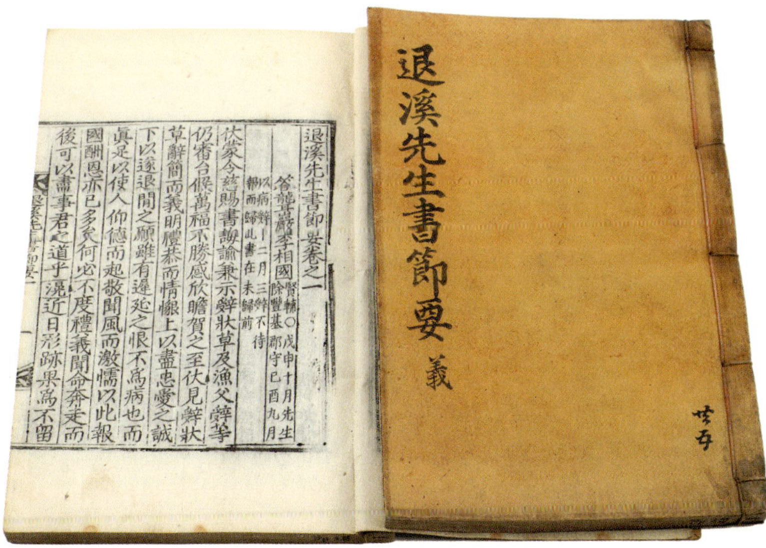

퇴계선생서절요(한국국학진흥원 소장 - 한산이씨 대산종가 기탁자료)

(35세) 10월에 『경재잠집설敬齋箴集說』을 편찬했다. 1747년(37세) 5월에 성균관 전적에 제수되었고, 9월에 예조 좌랑에 제수되었다가 병조 좌랑으로 옮겨졌다. 이해에 「응암명凝庵銘」을 저술했다.

1748년(38세) 5월에 부친상을 당했다. 1749년(39세)에 『사례상변통고四禮常變通攷』를 편찬했으며, 『약중편約中編』을 저술했다. 1751년(41세) 8월에 예조 정랑에 제수되었으나 부임하지 않았다. 9월에 구담에서 『주역』과 『논어』를 강론했으며, 12월에 「사단칠정설四端七情說」을 저술했다. 1752년(42세) 8월에 사빈서원泗濱書院에서 『근사록近思錄』을 강론했다.

1753년(43세) 1월 연일 현감에 제수되어 대궐로 나아가 임금께 사은

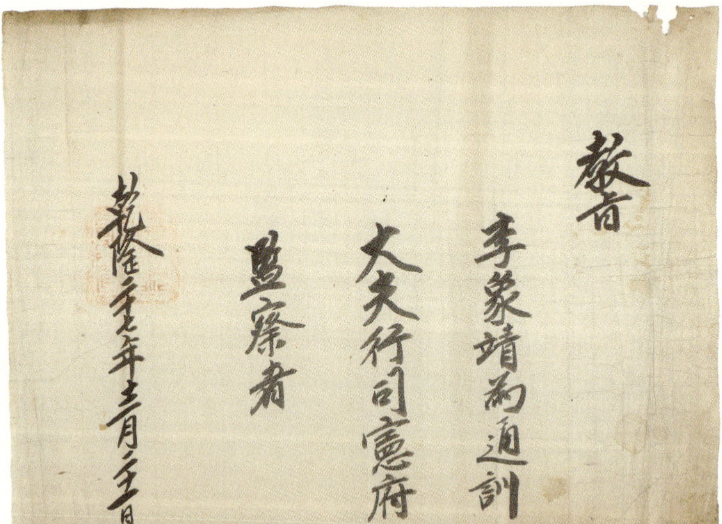
敎旨
李象靖爲通訓
大夫行司憲府
監察者
乾隆壬午年十二月 日

1762년 사헌부 감찰 제수 교지(한국국학진흥원 소장 - 한산이씨 대산종가 기탁자료)

숙배를 한 뒤 5월에 부임했다. 12월에 고을의 자제들을 선발하여 매월 초하루에 글짓기를 시험하는 규정을 마련했다. 1754년(44세) 2월에 경상우도 감시監試의 부시관副試官으로 차출되었다. 3월에 내연산을 유람했다. 6월에 휴가를 받아 고향으로 돌아가면서 사직서를 상사에게 제출했으나 허락되지 않았다. 9월에 일본 사신의 접위관으로 차정되어 동래로 갔다. 11월에 재차 사직서를 제출했지만 허락되지 않았다. 1755년(45세) 6월에 상사에게 소금을 구워 백성들을 진휼할 것을 건의했다. 이해에 흉년이 들어 백성들의 생활이 곤궁했기 때문인데, 국가의 허락 없이 소금을 굽는 일은 해금령海禁令을 어기는 것이었다. 7월에 사직의 허락을 받지 않은 채 고향으로 돌아왔으며, 10월에 체포되어 의금부에 나아가 심문을 받았다. 11월에 관직 임명장인 고신告身을 빼앗기고 고향으로 돌아왔다.

1756년(46세) 1월에 나라의 경사로 인해 다시 등용되었다. 10월에 이광정이 살고 있는 귀산龜山으로 가서 10여 일을 머물다 돌아왔다. 1757년(47세) 4월에 의성현의 고모동을 유람했으며, 11월에 「심무출입설心無出入說」을 저술했다. 1758년(48세) 4월에 『병명발휘屛銘發揮』를 편찬했다. 1758년(48세) 8월에 사간원 정언에 제수되었으나 명이 취소되었다. 11월에 옥련사로 올라가 『심경心經』을 강론했다. 1759년(49세) 10월에 고운사에 올라가 『대학』·『논어』 등을 강론했다.

1760년(50세) 1월에 『중용』의 '부도불문不睹不聞'에 관한 논설을 지었다. 11월에 고운사로 올라가 『심경』을 강론했다. 1761년 6월에 밀암 이재의 「연보年譜」를 편찬했다. 10월에 고운사로 올라가 『중용혹문』을 강론했다. 1762년(52세) 12월에 사헌부 감찰에 제수되어 이듬해 1월에 사은숙배를 하러 한양으로 올라가다가 문경에서 병으로 인해 돌아왔다. 1765년(55세) 윤2월에 호계서원에서 『대학』을 강론했다. 1767년(57세) 2월에 고산정사 건축을 시작했다. 6월에 구담으로 올라가 『퇴계집』을 읽었다. 12월에 부인 황씨가 세상을 떠났다. 1769년(59세) 10월에 고산정사를 언덕 안쪽으로 이건했다. 1770년(60세) 1월에 『심경강록간보心經講錄刊補』를 편집했다. 5월에 고산정사가 완공되었다.

1771년(61세) 7월에 노림서원에서 「태극도설太極圖說」을 강론했다. 10월에 강령 현감에 제수되어 11월에 사은숙배를 하러 가다가 풍기에 이르러 병으로 인해 돌아왔다. 1772년(62세) 1월에 석천서당에서 이휘일李徽逸과 이현일이 편찬한 『홍범연의洪範衍義』를 교정했다. 4월에 고산정사에서 『대학』을 강론했다. 1775년(65세) 4월에 주자가 편찬한 『연평답문延平答問』의 속록續錄을 저술했다. 1776년(66세) 3월에 영조가 승

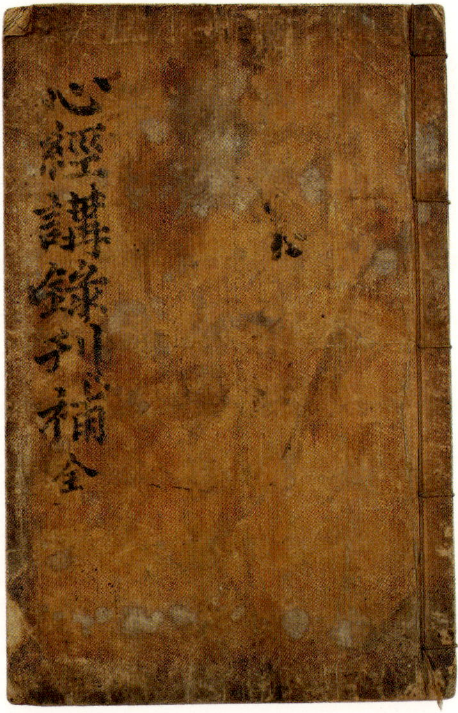

심경강록간보

하하여 상경해서 곡하는 행렬에 참석했다.

정조가 즉위하여 11월에 사헌부 지평에 제수했으며, 이듬해 2월에 사간원 정언에 제수되었다. 한양으로 가서 사직하는 상소를 올렸다. 1780년(70세) 2월에 병조 좌랑에 제수되어 3월에 사은숙배를 하러 가다가 예천에서 돌아왔다. 9월에 통정대부 병조 참지參知에 제수되어 10월에 한양으로 가서 사직 상소를 올렸으나, 사직을 불허하는 비답을 받았다.

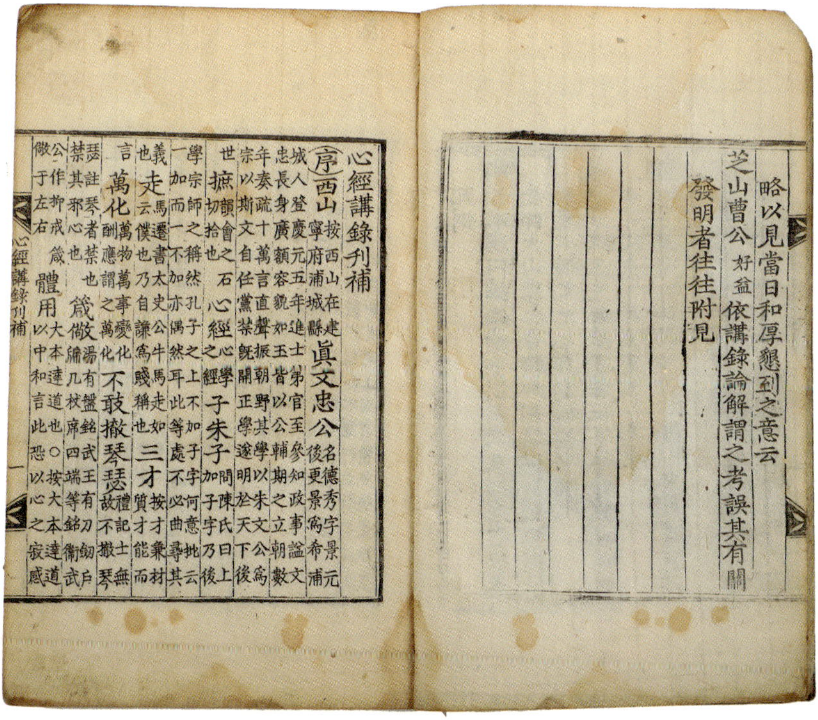

(한국국학진흥원 소장 - 한산이씨 대산종가 기탁자료)

1781년(71세) 3월에 형조 참의로 교체하여 제수되었다. 부임하지 않는 죄를 묻는 전지傳旨를 받고 충주까지 갔다가 병으로 인해 사직할 수밖에 없다는 뜻으로 상소를 올리고 돌아왔다. 6월에 사직 상소를 올리면서 임금이 갖추어야 할 9가지 덕목을 서술했는데, 이것이 「구조소九條疏」로 일컬어지는 상소문이다. 10월에 소변에서 피가 섞여 나오는 병에 걸렸으며, 12월 9일에 별세했다.

1782년 3월 28일에 안동부 북쪽 학가산 남쪽 언덕에 안장했다.

이상정 묘소(한국국학진흥원 제공)

1802년에 『대산집』 52권 27책이 간행되었다. 1816년에 가선대부 이조참판 겸동지경연 의금부사 홍문관대제학 동지춘추관 성균관사 세자좌부빈객 오위도총부총관嘉善大夫 吏曹參判 兼同知經筵 義禁府使 弘文館大提學 同知春秋館 成均館事 世子左副賓客 五衛都摠府摠管에 증직되었다. 1845년에 외증손 정재定齋 류치명柳致明(1777~1861)이 『대산실기大山實紀』 10권 5책을 목판본으로 간행했다.

1882년에 자헌대부 이조참판 겸지경연 의금부사 홍문관대제학 예문관대제학 지춘추관 성균관사 오위도총부총관資憲大夫 吏曹參判 兼知經筵 義禁府使 弘文館大提學 藝文館大提學 知春秋館 成均館事 五衛都摠府摠管으로 증직되었다.

이상정 묘소(한국국학진흥원 제공)

1910년에 '문경文敬'의 시호를 받았다. 1917년 고산서원에 위판位版을 봉안했다.

『고산급문록高山及門錄』에 의하면 270여 명이 문인으로 등재되어 있는데, 그 가운데 후산后山 이종수李宗洙(1722~1797), 동암東巖 류장원柳長源(1724~1796), 천사川沙 김종덕金宗德(1724~1797)이 '호문삼로湖門三老'라고 일컬어졌다. 그 외에도 주목할 만한 문인이 매우 많다.

이상정은 17세(1727년)에 황혼黃混의 딸인 장수황씨長水黃氏를 부인으로 맞았다.

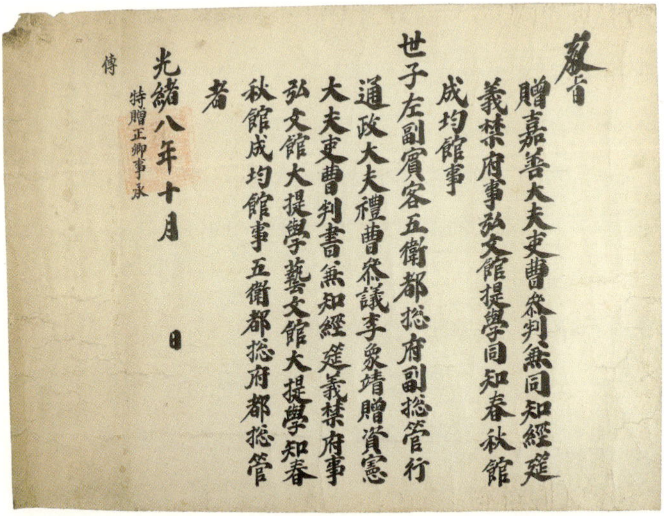

敎旨
贈嘉善大夫吏曹參判兼同知經筵
義禁府事弘文館提學同知春秋館
成均館事
世子左副賓客五衛都摠府副摠管行
通政大夫禮曹參議李象靖贈資憲
大夫吏曹判書兼知經筵義禁府事
弘文館大提學藝文館大提學知春
秋館成均館事五衛都摠府都摠管
者
光緒八年十月 日
特贈正卿事承
傳

1882년 이상정 증직 교지(한국국학진흥원 소장 - 한산이씨 대산종가 기탁자료)

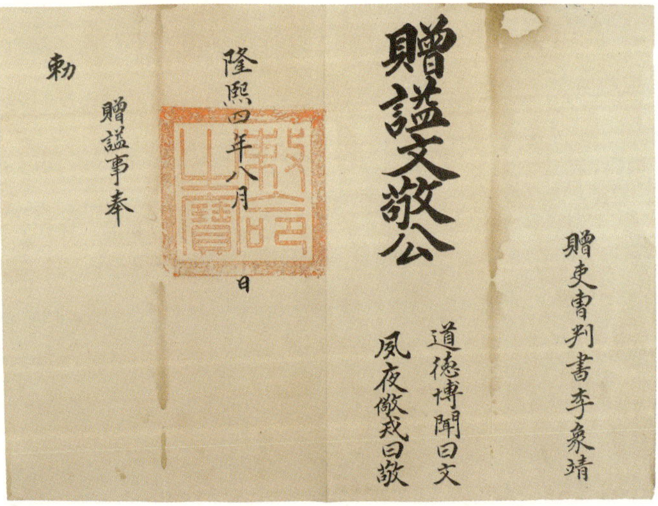

贈吏曹判書李象靖
贈謚文敬公
道德博聞曰文
夙夜儆戒曰敬
隆熙四年八月 日
贈謚事奉
勅

1910년 시호 교지(한국국학진흥원 소장 - 한산이씨 대산종가 기탁자료)

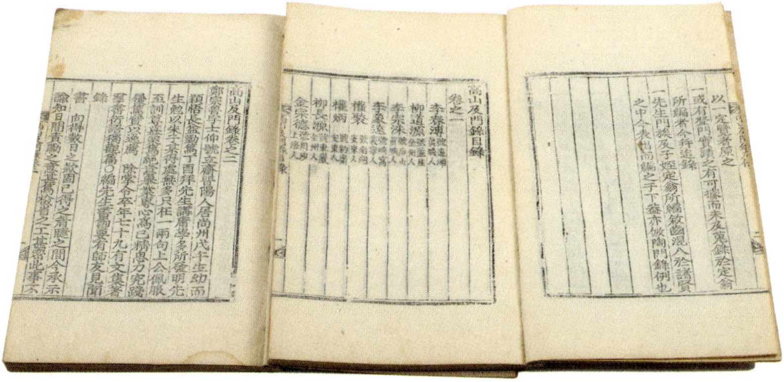

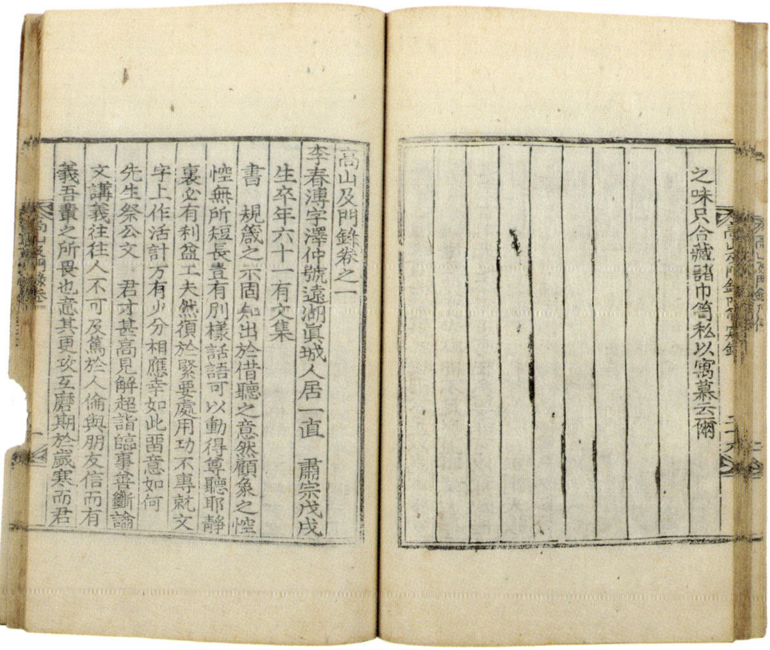

고산급문록(한국국학진흥원 소장 - 한산이씨 대산종가 기탁자료)

부인은 방촌厖村 황희黃喜(1363~1452)의 후손이다. 그 사이에 아들 이완을 낳았는데, 그의 자는 치도致道이며, 호는 간암艮巖이다. 이완의 부인은 이범중李範中의 딸인 여주이씨驪州李氏이며, 회재晦齋 이언적李彦迪의 후손이다. 그 사이에 병운秉運·병진秉進·병원秉遠 3남과 2녀를 낳았다. 두 딸은 류회문柳晦文과 류노문柳魯文에게 각각 시집갔다.

이병운의 자는 제가際可이며, 호는 면재俛齋이다. 그의 첫째 부인은 김성익金聖翼의 딸인 광산김씨光山金氏이며, 계암溪巖 김령金坽의 후손이다. 그 사이에 수응秀應을 낳았다. 둘째 부인은 이태경李泰慶의 딸인 철성이씨鐵城李氏이며, 수당秀戇·수경秀慤 2남과 2녀를 낳았다. 두 딸은 정치장鄭致章과 김재용金在鏞에게 각각 시집갔다.

이수응의 3남은 돈우敦禹·돈직敦稷·돈기敦夔이며, 3녀는 이재목李在穆·이필李珌·김헌락金獻洛에게 각각 시집갔다. 이수당의 3남은 돈설敦卨·돈익敦益·돈고敦皐이며, 딸은 이수담李壽聃에게 시집갔다. 이수경의 3남은 돈원敦元·돈오敦五·돈만敦萬이며, 딸은 권상우權相禹에게 시집갔다.

2) 학문적 사명과 진리 추구

조선시대 성리학이 전개된 흐름을 통시적으로 고찰해 본다면, 개인간의 논변 및 학파간의 비판을 통해 더욱 이론을 보완하고 심화시켜 변증법적 발전을 이룩했다고 이해할 수 있다. 정치적 헤게모니를 쟁탈하기 위해 때론 학문적 순수성을 잃어버리는 경우도 있었지만, 그럼에도 불구하고 전반적인 상황을 넓은 시각에서 바라볼 때 이와 같은 평가는 무리가 아니라고 생각된다.

이황과 기대승奇大升은 이기심성론理氣心性論에 관해 8년 동안이나 진지한 논변을 주고받았다. 그 과정에서, 이황은 기대승의 혼륜渾淪적 입장을 일부 수용하게 되며, 기대승은 이황의 분개分開적 견해를 긍정하는 의사를 보이기도 했다. 혼륜은 리와 기가 분리되지 않는 측면에 주목하는 것이며, 분개는 리와 기는 하나가 아니라 각자 독립성을 가진다는 점에 근거하는 것이다.

그러나 두 사람은 근본적인 견해에서는 서로 다른 이해를 여전히 가지고 있었다. 기대승은 리와 기가 서로 떨어질 수 없다[理氣不相離]는 관점에 철저히 입각하여, 리는 본체와 작용에 상관없이 항상 운동이 없어

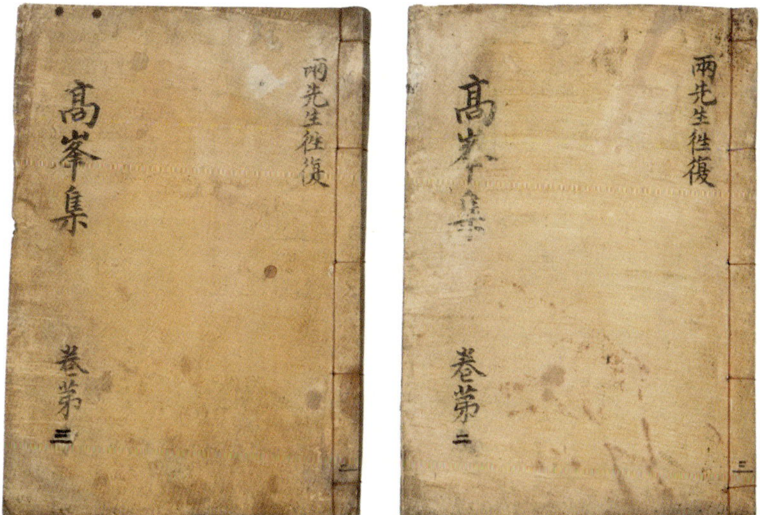

고봉집(국립전주박물관 제공)

기를 통해서만 발현될 수 있다고 이해했다. 그리하여 리와 기의 상호 운동을 부정하고, 기의 운동만을 인정했다. 그리고 리와 기에 대한 이와 같은 개념적 규정에 근거하여, '성性이 발하여 정情이 된다.'라는 명제를 근본 전제로 삼아 일반적 감정인 칠정七情 안에 도덕적 감정인 사단四端이 포함되어 있다고 파악했다.

이에 비해, 이황은 기대승의 리기불상리에 대해 혼륜간의 입장에서 긍정할 수 있음을 인정하는 한편, 리와 기는 서로 섞일 수 없다[理氣不相雜]는 관점에서 리발理發·기발氣發의 상호 운동이 가능하다는 것을 이해시키려 했다. 이황은 리의 능동성을 입증하기 위해, 체용론을 도입하여 리의 본체는 운동이 없지만 작용은 운동할 수 있고 생성할 수 있다[能發能生]고 말했다. 따라서 사단과 칠정에 대한 해석에 있어서도, 사단의 '리가 운동하고 기는 따른다[理發而氣隨之]', 칠정의 '기가 운동하고 리는 타고 있다[氣發而理乘之]'라고 주장했다.

이황과 기대승의 논변은 두 사람 간의 성리학적 해석 차이로 끝나지 않았으며, 후대 학자들이 이기심성론을 이해하는 데 있어 큰 영향을 끼쳤다. 율곡栗谷 이이李珥(1536~1584)는 이황의 문하에 찾아간 적이 있으며, 편지를 통해 학문과 관련된 여러 가지 의문을 질의하기도 했다. 이러한 점을 미루어 본다면, 이이는 이황의 영향을 많이 받은 것으로 이해할 수 있다. 하지만 성리설에 있어서는 이황의 견해보다 기대승의 설을 적극적으로 긍정했다. 그리하여 이황의 성리설에 대해 비판적 입장을 가졌으며, 기대승의 성리설을 토대로 삼아 발전시켰다고 볼 수 있는 면모가 많다.

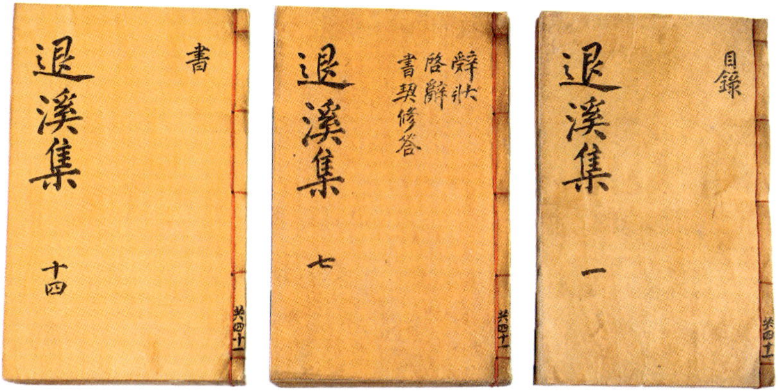

퇴계집(국립진주박물관 제공)

이이는 이황의 병통이 오로지 '상호 운동[互發]' 두 글자에 있다고 생각하여, 리와 기의 상호 운동을 철저하게 부정하는 입장을 가졌다. 그러므로 리와 기가 서로 섞일 수 없다는 관점보다는 리와 기가 서로 떨어질 수 없다는 측면을 더욱 강조했으며, '리는 운동이 없고 기가 운동한다[理無爲氣有爲]'를 근본 법칙으로 삼았다. 그리고 그 입장을 이론화하여, '기가 운동하고 리는 타고 있을 뿐이다[氣發理乘一途說]'라는 설을 주장했다. 본연지성本然之性은 기질지성氣質之性 가운데 리만을 가리킨 것이며, 실재하는 것은 오직 리와 기가 합한 상태인 기질지성氣質之性뿐이므로, 성이 발하여 정이 되는 것도 실재하는 것은 칠정이며, 사단은 칠정 가운데 선한 부분[善一邊]일 뿐이라고 이해했다.

이이가 기대승의 설을 토대로 자신의 성리설을 발전시켜 나갔다면, 갈암葛庵 이현일李玄逸(1627~1704)은 퇴계학파의 학맥을 계승한 학자로서 이황 성리설의 특징적 면모를 더욱 심화시켰다. 그리고 이이가 이황의 성리설을 비판한 것에 대해 재비판하는 데에 주력했다. 그는 리와 기의 혼륜적 측면보다는 분개적 측면을 강조하는 입장에서 이기심성론의 이론을 체계화했다. 그러므로 '리와 기는 결단코 두 가지 사물이다.'라는 분개分開의 관점에 철저하게 입각하여 자신의 성리설을 전개했다.

이황과 기대승의 성리학에 대한 견해 차이는 이이와 이현일을 거치면서 한층 심각하게 대립하는 양상을 보였으며, 후대로 내려갈수록 서로의 관점을 조율할 수 있는 가능성이 점점 희박해지는 상황으로 흘러갔다. 이상정은 이와 같은 성리학의 대립적 양상을 비판적으로 인식했다. 그가 보기에 퇴계학파의 학자들은 율곡학파의 성리설과 다른 부분만을 강조하며, 율곡학파의 학자들은 퇴계학파 성리설의 특징적 면모를 수용하지 않으려 한다고 여겨졌다. 이상정은 당시 성리설이 가진 이러한 문제점을 해결하기 위해, 주돈이周敦頤, 정호程顥·정이程頤, 장재張載 등을 비롯한 중국 송대 유학자

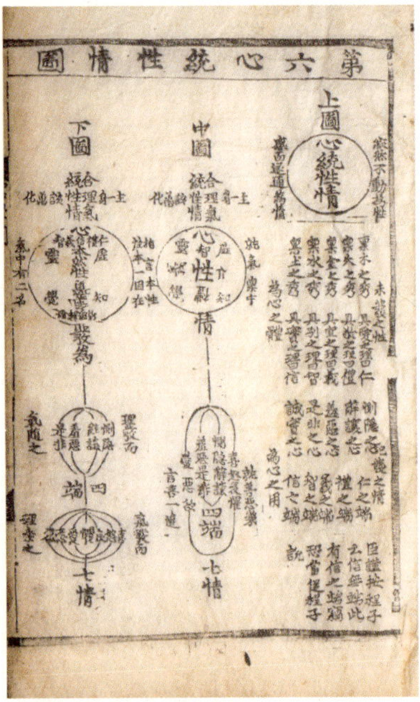

성학십도 제6도 심통성정도
(한국민족문화대백과사전 제공)

들의 이기론理氣論을 전면적으로 검토했다. 그리고 이황의 『성학십도聖學十圖』 제6도 「심통성정도心統性情圖」 중도中圖 · 하도下圖에 근거하여 통합적으로 인식하는 관점인 통간적通看的 인식방법론의 중요성을 제기했으며, 이것에 근거해 자신의 성리설을 체계화했다.

그리하여 이상정은 퇴계학파의 학자들이 리와 기를 분리해서 인식하는 관점[분개간分開看]에 너무 치우쳐 있는 문제점을 비판하여 극복하려 했으며, 율곡학파의 성리설이 분개간을 인정하지 않는 점에 관해 지적하여 불완전성을 분명하게 밝히고자 했다. 이러한 일련의 노력들은 이상정이 당시 성리설이 가진 대립적 양상을 극복하여, 두 견해가 서로 회통될 수 있는 입지를 마련하고자 시도한 것이라고 이해할 수 있다.

이현일은 율곡학파의 학자들이 혼륜적 입장에 근거하여 이황의 성리설을 비판하자, 이에 반박하기 위해 분개적 입장을 적극적으로 강조했다. 그는 「율곡이씨논사단칠정서변栗谷李氏論四端七情書辨」을 지어 이이의 혼륜적 입장을 비판하고, 이황의 분개적 입장을 힘써 주장함으로써 율곡학파와 구별되는 차이점을 강조했다. 그리하여 이현일 이후의 퇴계학파 학자들은 이같은 입장을 계승하여 분개적 입장을 불변의 진리로 고수했으므로, 학설을 전개함에 있어 대체로 분개간에만 치우친 경향이 많았다.

이상정은 이현일이 혼륜의 측면보다는 분개의 측면을 강조한 까닭은 율곡학파가 오로지 혼륜만을 주장했으므로 이를 반박하려는 당시의 시대적 상황[時宜]이 있었기 때문이라고 이해했다. 그런데 당시 퇴계학파의 학자들 중에는 이현일의 학설이 가지는 입론의 시의성을 이해하지 않고 고정불변의 이론으로 인식하여, 조금이라도 혼륜을 말하는 사람이 있으면 이이의 학설을 따르는 것이라고 비판했다. 이상정은 율곡학파가 오로지 혼륜만을 주장하고 퇴계학파가 전적으로 분개만을 주장하는 것은 둘다 잘못된 것이라고 여겼다.

그러므로 리와 기가 서로 분리되지 않는 혼륜의 측면과 서로 뒤섞이지 않는 분개의 측면을 균형있게 견지하여 상대적이면서도 의존적인 양상을 함께 논해야 한다고 생각했다. 만약 어느 한 쪽만을 주장하여 서로 배척한다면, 이것은 양쪽에 차고 있는 칼처럼 합치될 수 있는 접점을 찾을 수 없다고 인식했다.

당시 퇴계학파 학자들 중에서 이상정이 혼륜의 측면을 인정하는 것에 대해 율곡학파의 학설을 옹호하는 것이라고 비판하는 사람들이 있었다. 하지만 이상정은 자신의 이기론이 이이와 같다고 비판하는 것에 대해 위축되거나 변명하지 않았다. 이이의 학설에 찬성하여 일부러 같아지려고 한 것이 아니며, 또한 반대하여 고의로 달라지려고 한 것도 아니라는 개방적인 입장을 보였다. 당시 퇴계학파와 율곡학파의 학자들이 상대편의 학설에 대해 배척적인 태도를 가졌던 것과 비교해 본다면, 이상정의 이 말은 주목할 만하다. 진리를 향해 접근해 나가는 것이 중요하지, 학파적 당파성에 얽매여 무조건 반대하는 태도는 지양해야 한다는 의식을 담고 있기 때문이다.

이상정은 선현들이 강론한 것을 살펴보면, 오직 진리를 추구할 뿐 조금도 다투려는 기색이 없으며, 혹 평생 자신의 주장을 굽히지 않더라도 온화한 기운을 잃지 않았다고 말하면서, 개인적 · 당파적 입장을 벗어나

갈암집(국립민속박물관 제공)

공평한 마음으로 진리를 추구해야 한다고 강조했다. 이상정이 가진 진리 추구의 자세는 당시의 학문풍토에 대한 진지한 비판과 반성을 통해 싹튼 것이며, 이를 통해 그의 학문이 편협한 관점에서 벗어나 참된 학문을 추구하게 되는 바탕이 된 것이다.

3) 주요 저술

이상정은 풍부한 저술을 남겨 후세 학자들에게 큰 영향을 끼쳤다. 그 가운데 『이기휘편理氣彙編』·『경재잠집설敬齋箴集說』·『제양록制養錄』 등 세 가지 저술을 검토해봄으로써, 이상정이 이루어낸 학문적 성취를 개략적으로나마 살펴보기로 한다.

(1) 이기론理氣論에 대한 종합적 검토 : 『이기휘편理氣彙編』

이상정이 혼륜간과 분개간을 종합하여 통간의 균형적 관점을 확립할 수 있었던 바탕이 무엇이었을까를 생각해 볼 때, 『이기휘편』에서 그 근거를 찾을 수 있다. 그는 성리학의 체계에 대해 근본적이고 전면적인 검토를 시도했으며, 그 결과물로 34세 되던 해인 1744년에 『이기휘편』을 저술했다.

『이기휘편』은 이기론의 기본 체계를 모두 14개의 주제로 분류했다.[5]

5 『이기휘편』의 14개 주제와 그 주제에 속한 세부항목은 다음과 같다.
① 理氣總論~理·氣·總論理氣 ② 理氣離合~理氣不相雜·理氣不相離·總論理氣離合

그리고 각 주제마다 분개간에 해당하는 항목과 혼륜간에 해당하는 항목을 설정하여 각기 근거가 되는 여러 학자의 설을 수록한 다음, 다시 상반된 두 입장을 종합하는 측면에서 근거가 되는 설들을 제시하여 총론했다. 따라서 『이기휘편』은 이상정이 통간의 인식방법을 확립하는 데에 중요한 계기가 된 저술이라고 평가할 수 있다.

만산萬山 류치엄柳致儼(1810-1876)은 이상정의 학문을 「호학십도湖學十圖」라는 열 개의 그림으로 그려 핵심을 요약했는데, 「호학십도」의 첫 번째 그림이 바로 『이기휘편』을 도식화한 '제일이기휘편도第一理氣彙編圖'이다. 그는 이 그림에 관해 서술한 부분에서 "『이기휘편』은 이기론에 대해 핵심을 파헤쳐 미진함을 남기지 않았으니, 각각의 제목에 나아가 동이同異(같음과 다름) · 분합分合(나뉨과 합함) · 체용體用(본체와 작용) · 현미顯微(드러남과 은미함)의 오묘한 뜻을 갖추지 않은 것이 없다. 진실로 천고토

③ 理氣先後~理先氣後 · 理氣無先後 · 總論理氣先後 ④ 理氣同異~理同氣異 · 氣同理異 · 總論理氣同異 ⑤ 理氣偏全~理全氣偏 · 氣偏理亦偏 · 總論理氣偏全 ⑥ 理氣動靜~理有動靜 · 理無動靜 · 理氣互有動靜 ⑦ 理氣善惡~理本善 · 理有善惡 · 氣有善惡 · 總論理氣善惡 ⑧ 理氣勝負~理氣互有勝負 · 氣勝理負 ⑨ 理氣體用~理氣相須爲體用 · 理體氣用 · 氣體理用 · 理有體用 ⑩ 理氣有無~氣因理有無 · 理因氣有無 · 氣無而理有 ⑪ 理氣虛實~理虛氣實 · 理實 · 理具虛實 ⑫ 理氣分合~理氣自合而分 · 理氣自分而合 · 總論理氣分合 · 理氣分合而無大小 ⑬ 理氣微顯~理微氣顯 · 理具顯微 · 理精氣粗 · 氣有精粗而理無不在 · 理具精粗 · 理無大小 · 理有橫竪 · 理無對 · 理無獨有對 ⑭ 理氣雜論

『大山實紀』 卷1「年譜」에 의하면, 『이기휘편』이 지어진 시기는 1744년으로 기록되어 있다. 그런데 『이기휘편』에는 序文이 없으며, 이상정이 여기에 관해 언급한 기록도 보이지 않는다. 다만 이상정의 6세손 李性求가 지은 발문이 실려 있어 간행 경위의 대강을 알 수 있다. 발문에 의하면, 『이기휘편』은 이상정의 성리학을 알 수 있는 중요한 저술임에도 불구하고 오랫동안 간행되지 못하다가, 1925년 봄 『大山實紀』를 重刊할 적에 李性求가 제안하여 上梓했다고 한다.

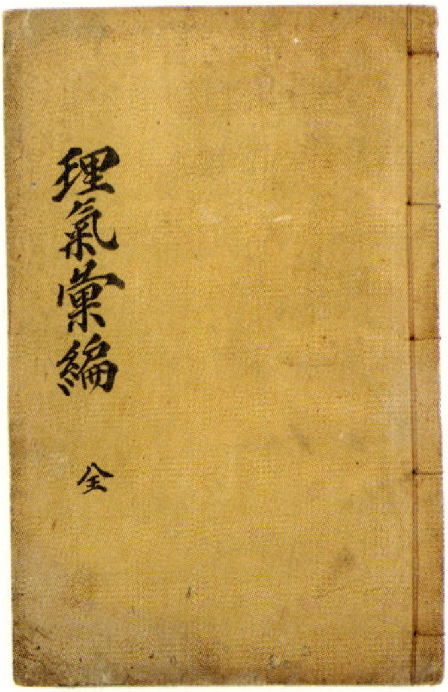

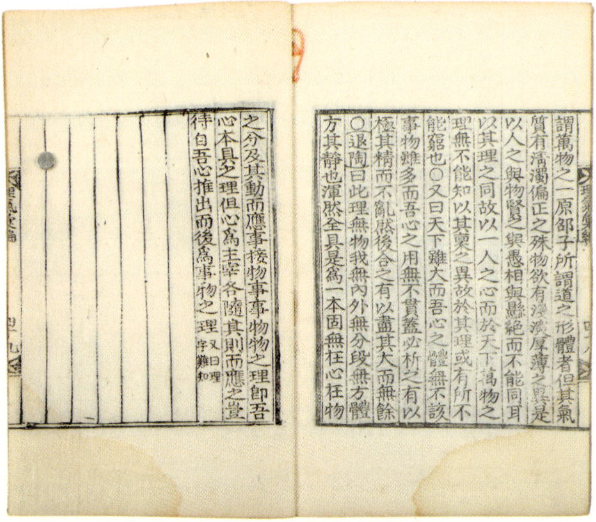

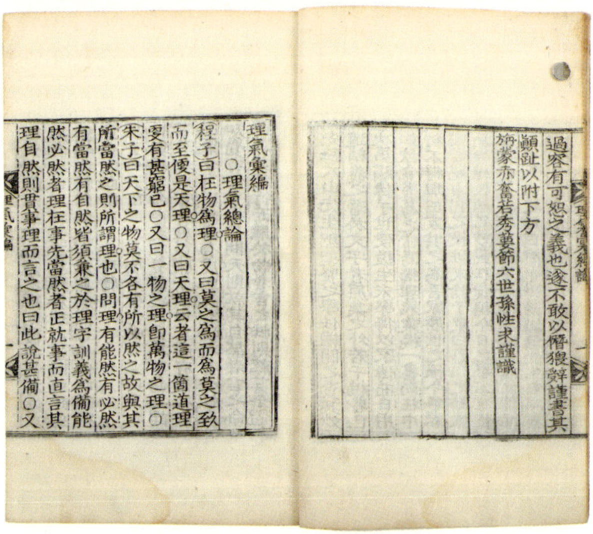

이기휘편(한국국학진흥원 소장 -
한산이씨 대산종가 기탁자료)

록 이기理氣를 설명한 것의 표준이 될 것이다."라고 하여 이 저술의 의미를 높이 평가했다.

(2) 「경재잠敬齋箴」에 관한 학설의 집성과 '경敬' 사상의 계승 : 『경재잠집설敬齋箴集說』

'경敬'의 문제는 염계濂溪 주돈이周敦頤가 「태극도설太極圖說」에서 '고요함을 주로 함[主靜]'을 제시한 것에 대해 이천伊川 정이程頤가 '경을 주로 함[主敬]'을 제시하면서 제기되었고, 주희가 이를 계승하면서 송대 도학道學의 학문방법론[爲學論] 내지 수양론의 중심개념으로 자리하게 되었다.

주희는 남헌南軒 장식張栻의 「주일잠主一箴」을 읽고서 미진한 의미를 부연하여 「경재잠敬齋箴」을 지었는데, 4언 4구를 1장으로 삼아 총 10장으로 구성했다. 노재魯齋 왕백王柏은 이 잠을 요약하여 「경재잠도敬齋箴圖」를 그렸다. 그리고 이황은 『성학십도』를 저술하면서 제9도에 「경재잠도」를 수록하여 그 중요성을 드러내었다.

이상정은 40세 되는 해인 1750년에 『경재잠집설』을 편찬했다. 『경재잠집설』은 「경재잠」의 구성에 의거해 모두 10장으로 설정했다. 각 장마다 관련된 여러 학자의 설을 인용했으며, 자신의 견해는 '안按'이라는 글자로 표기한 후 주석으로 부기했다. 주돈이 · 정이 · 주희 · 장식 · 이황 등의 설을 주로 많이 인용했으며, 그 외에도 사량좌謝良佐 · 윤돈尹焞 · 이통李侗 · 황간黃榦 · 여조겸呂祖謙 · 오징吳澄 · 진백陳栢 등의 설도 인용했다.

10장의 내용이 끝나고 마지막 부분에서는 경이 성誠 · 공恭 · 인仁 · 서恕 · 의義 · 치지致知 등과 같은 점은 무엇이며 다른 부분은 어떤 것인가를

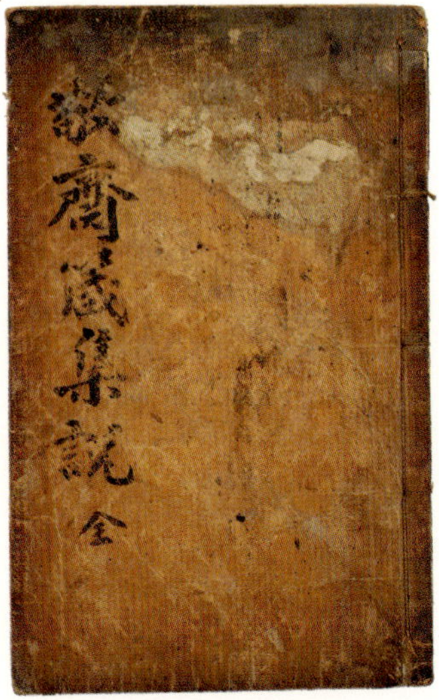

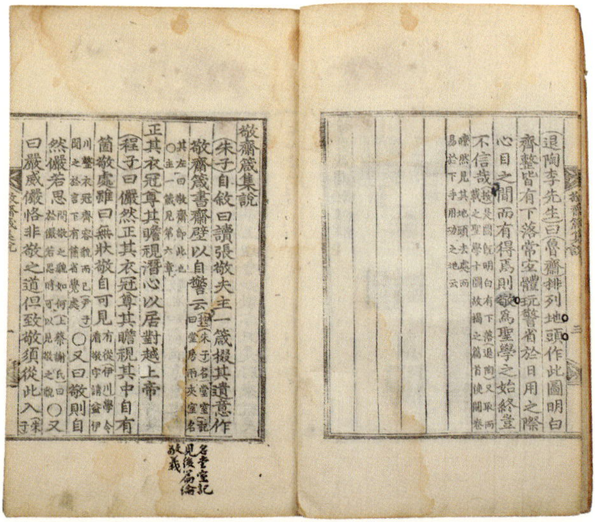

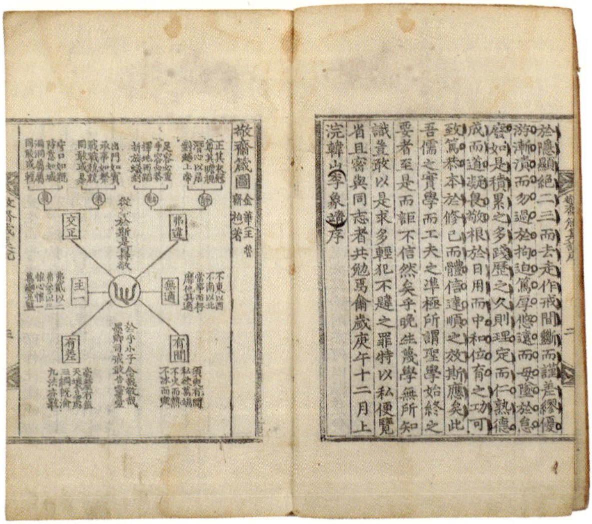

경재잠집설(한국국학진흥원 소장 -
한산이씨 대산종가 기탁자료)

파악할 수 있도록 여러 학자의 설을 인용하여 그것들의 연관성을 드러내었다. 이것은 경의 의미를 보다 분명하게 이해하고 성·공·인·서·의·치지 등의 개념과 어떠한 연관성을 가지는지를 밝힌 내용으로, 이를 통해 이상정이 견지한 경에 대한 의미 규정도 유추해 볼 수 있는 부분이다.

『경재잠집설』과 유사한 저술로, 조선말기 성암惺庵 박종후朴宗垕(1792-1864)가 편찬한 『양선생언경촬요兩先生言敬撮要』라는 책이 있다. 이 책은 주희와 이황이 경에 관해 언급한 설들 가운데 중요한 핵심을 채록한 것이다. 면우俛宇 곽종석郭鍾錫(1846-1919)이 지은 「양선생언경촬요서兩先生言敬撮要序」에 따르면, 박종후는 정재 류치명에게 수학한 문인으로, 이 책을 편찬할 적에 스승의 검토를 받아 허가를 얻었다고 했다. 이 저술의 의미에 대해서는, "한강寒岡(정구)과 호상湖上(이상정) 두 선생의 남겨진 뜻에서 터득한 것이 있다."라고 밝혔다. 이황의 '경' 사상을 계승하여 한강寒岡 정구鄭逑(1543-1620)가 『심경발휘心經發揮』를 통해 드러내고 이상정이 『경재잠집설』을 지어 밝혔는데, 박종후는 정구와 이상정의 뜻을 이어받아 『양선생언경촬요』를 편찬한 것이라고 그 의미를 규명한 것이다.

곽종석의 서문에서 이미 언급하고 있듯이, 퇴계학파의 학자들이 추구한 '경'에 대한 관심과 계승 의식을 생각해 볼 때, 이상정의 『경재잠집설』은 퇴계학맥의 '경' 사상이 계승 발전되어가는 데 있어 중요한 영향을 끼친 저술이라고 볼 수 있다. 1816년 이상정의 문인 이태순李泰淳이 홍문관 응교應敎로 재직할 당시에, 순조에게 『경재잠집설』은 『성학십도』

와 표리가 되는 중요한 저술이므로 경연에서 공부할 것을 아뢰어 윤허를 받았다. 이 사실도 『경재잠집설』이 가지는 중요한 의미를 단적으로 보여주는 한 가지 예라고 할 수 있다.

(3) 일상생활의 실제적인 측면을 강조한 수양론 : 『제양록制養錄』

이상정은 마음을 보존하고 기르기 위해 바깥의 몸가짐과 행동을 삼가는 '제외양중制外養中'의 수양법을 중시했는데, 볼 수 있고 의거할 수 있는 외면으로부터 실천한다면 형상이 없어 볼 수 없는 내면도 자연스레 그것에 따라 보존된다고 생각했기 때문이다. 존양存養의 공부에 대한 이와 같은 견해에 근거하여 『제양록制養錄』을 저술했다.

『제양록』은 상편과 하편으로 나뉘어져 있다. 상편의 목차는 통언通言(총괄 설명)·심술心術(마음가짐)·두頭(머리)·안색顏色(얼굴빛)·시청視聽(보고 들음)·사기辭氣(말과 목소리)·수手(손)·좌립坐立(앉고 섬)·배읍拜揖(절하고 읍함)·보추步趨(보통 걸음과 빠른 걸음)·의복衣服·음식飮食·용모容貌·사친事親(어버이를 섬김)·사군事君(임금을 섬김)·부부夫婦·장유長幼·붕우朋友·재제齋祭(재계와 제사)·잡기雜記·처사處事(일을 처리함)·연거燕居(평소 생활)·흥침興寢(일어나고 잠듦)·적중발외積中發外(안에 쌓고 밖으로 발산함) 등으로 되어 있다. 하편에서는 고금의 인물을 통해 구체적인 실례를 들고 있다. 그 목차는 제요帝堯·제순帝舜·하우夏禹·성탕成湯·문왕文王·무왕武王·주공周公·공자孔子(공구孔丘)·안자顏子(안회顏回)·증자曾子(증삼曾參)·자사子思(공급孔伋)·맹자孟子(맹가孟軻)·주자周子(주돈이周敦頤)·정백자程伯子(정호程顥)·정숙자程叔子(정이程頤)·장자張子(장재張載)·

이연평李延平(이통李侗)·주자朱子(주희朱熹)·장선공張宣公(장식張栻)·여선공呂成公(여조겸呂祖謙)·이문순공李文純公(이황李滉) 등이다.

「제양록서制養錄序」에서 '제외양중'의 중요성을 다음과 같이 서술했다.

> 마음이라는 사물은 신묘하여 헤아릴 수 없고 출입이 일정하지 않다. 가령 몸을 둘 수도 없고 발을 놓을 수도 없는 지경에서 억지로 무형의 사물을 탐구하고 곧장 형언할 수 없는 공부로 나아가려 한다면, 더욱 급박하여 혼란하고 요동하여 편안하기 어려운 것을 볼 것이다. 그리하여 끝내 본체를 보존하고 작용에 응하는 바탕으로 삼을 수 없을 것이다. 이런 까닭으로 학문을 잘하는 자는 반드시 외면의 형체가 있어 볼 수 있는 것으로부터 제어하고 다스리는 공부를 실천하여, 중심을 기르고 내면을 편안하게 하는 것으로써 근본을 삼는다. 이것이 마음을 붙잡아 보존하는[操存] 오묘한 방법이며 몸을 수양하고 성찰하는[修省] 핵심적인 방도이다. 본래 태어날 적부터 아는[生而知之] 위대한 성인聖人의 자질이 아니면, 이를 말미암지 않고 들어갈 수 있는 이가 없다.[6]

6 李象靖,『大山集』卷43,「制養錄序」. "然心之爲物 神妙不測 出入無定 苟無頓身措足之地而欲強探無形之物 徑造不言之工 則愈見其急迫紛挐 搖蕩難安 卒無以爲存體應用之地矣 是以善學者 必自其外面有形可見者而施其制治之功 以爲養中安內之本 此操存之妙法 脩省之要道 自非生知大聖之資 未有不由此而入."

마음은 신묘하여 헤아릴 수 없고 수시로 나가고 들어와서 일정하지 않다. 억지로 형체가 없는 마음을 탐구하고 곧장 형언할 수 없는 공부로 나아가려 한다면, 급박하여 혼란하고 요동하여 편안하기 어려운 점이 있다. 그리하여 본체를 보존하고 작용에 대응하는 바탕을 삼을 수 없게 된다고 했다.

주희는 내면을 올바르게 보존하기 위해서는 외면을 바르게 해야 한다고 강조했다.[7] 이황도 이와 같은 주희의 견해를 깊이 이해하고 받아들였다.[8] 그러므로 이상정은 학문을 잘하는 자는 반드시 형체가 있어 볼 수 있는 외면으로부터 제재하고 다스리는 공부를 실천하여, 중심을 기르고 내면을 편안하게 하는 근본으로 삼는다고 했다. 이것이 바로 마음을 붙잡아 보존하는 오묘한 방법이며, 몸을 수양하고 성찰하는 핵심적인 방도라고 했다.

그리고 제외양중의 공부가 지극한 데에 이르게 된다면, 자신의 사욕이 극복되고 만물 공통의 일리一理가 회복될 수 있다고 인식했다. '나'라는 사람은 좁게 본다면 남과 구별된 하나의 개체적 존재이지만, 넓은 관

7 朱熹,『朱子大全(下)』別集 卷4,「答何叔京」. "若顏曾以下 尤須就視聽言動容貌辭氣上做工夫 蓋人心無形 出入不定 須就規矩繩墨上守定 便自內外帖然 豈曰 放僻邪侈於內而姑正容謹節於外乎 且放僻邪侈 正與莊整齊肅相反 誠能莊整齊肅 則放僻邪侈 決知其無所容矣 此日用工夫至要約處."

8 李滉,『退溪集』卷35,「答李宏仲」. "於此驗之 則知內外未始相離 而所謂莊整齊肅者 正所以存其心也 滉竊謂 四先生言敬之中 程子整齊嚴肅一段 卽朱子此書之意所從出 始學之所當先 莫切於此 由此而入 至於力久功深而有得焉 則所謂三方入處 皆在其中者始信其不我欺矣."

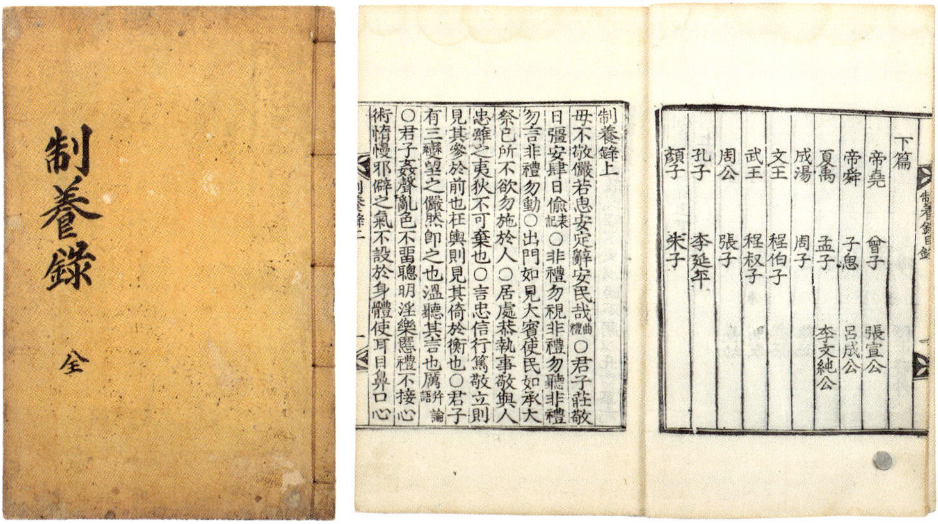

제양록(한국국학진흥원 소장 - 한산이씨 대산종가 기탁자료)

점에서 이해하면 인仁을 온전히 실현하여 나와 다른 사람 및 사물들이 일체로 인식되는 경지에 이를 수 있는 존재라고 파악했다. 그렇기에 성인은 마음에 내재한 일리를 회복하여 인을 극진하게 실현할 수 있으므로, 하늘과 땅이 만물을 낳고 기르는 일에 참여하여 도울 수 있는 사람인 것이다.

이상정은 제외양중의 공부가 궁극적으로 도달해야 할 경지는 성인이 되는 것이라고 이해했다. 바깥의 몸가짐과 행동을 삼가는 공부가 단지 자잘하게 예의 · 법도와 용모 · 행동의 말단적인 것을 꾸며 남들에게 잘 보이려는 것이 아니라, 인을 극진히 실현하고 성대한 덕에 이르는 데에 궁극적인 목표가 있다고 생각한 것이다.[9]

2. 배향자 : 소산 이광정

어떤 학파가 형성되려면 새로운 학문과 사상을 일으키는 창시자와 함께 수용하고 전파하는 계승자들이 있어야 한다. 더 적극적으로 말한다면, 학파의 형성과 전개는 창시자의 학문을 계승한 사람들이 만들어 가는 것이다. 창시자의 학문과 사상이 가지는 특징을 정립하고, 그것의 의미를 규명하여 후대에 전승하는 일은 계승자들의 몫이기 때문이다. 그리고 그 계승자 중에는 학맥도의 단선적인 수수 관계에는 드러나 있지 않지만, 큰 흐름의 저변에서 학맥을 이어간 학자들이 오히려 더 많을 것이다. 수많은 시냇물이 함께 모여 강물이 되고 그 강물들이 흘러가서 바다를 이루듯이, 우뚝한 봉우리가 솟아오르기 위해선 그 아래를 지탱하는 무수한 산맥들이 있다.

소산小山 이광정李光靖(1714~1789)은 이상정의 동생이자, 대산학단大山學團이 형성되는 데에 중요한 역할을 담당한 학자이다. 이 절에서는 고산서원에 배향되어 있는 이광정이 대산학단의 형성 과정에서 어떠한 역할과 노력을 했는지에 관해 초점을 맞춰 학파의 계승자로서 그가 수행한 성과를 살펴보기로 한다.

9 李象靖, 『大山集』 卷43, 「制養錄序」. "漸涵浸漬 積累純熟 及其力久功深 表裏一致 則此心全體卓然有主靜而不昧 涵萬理而立大本 動必中節 酬萬化而行達道 私勝理復 而爲仁之功 不外動容周旋而盛德之至可幾 則向所謂一原無間之妙者 至是而始造次呈露於日用動靜之間矣 豈徒區區致飾於儀度容止之末 以是爲能事而止哉."

1) 이상정과 함께 한 평생 강학

이광정의 고조부 이홍조는 남황南煌의 딸인 영양남씨英陽南氏 사이에 효제孝濟와 효윤孝潤을 두었다. 증조부 이효제는 김희金熙의 딸인 문소김씨聞韶金氏에게 장가들어 7남을 낳았는데, 석관碩觀·석신碩藎은 일찍 죽었으며, 석구碩耈·석보碩輔·석망碩望·석형碩亨·석장碩章이 있었다. 조부 이석관은 신규申圭의 딸인 아주신씨鵝洲申氏와 결혼하여 태화泰和·정화鼎和·원화元和 3남을 두었다.

부친 이태화는 밀암 이재의 딸인 재령이씨載寧李氏와의 사이에서 후정後靖·헌정憲靖·상정象靖·광정光靖 4남을 낳았다. 이광정은 스무 살 때 종숙부인 이지화李志和에게 양자로 들어갔는데, 생가와 가까운 거리에 살았다. 이지화는 이석망의 아들이다. 이광정이 지은「개자설改字說」에 따르면, 외조부 이재가 이들 형제에게 '정靖'자로 이름을 지어 주었다. 그 의미는 선조 문정공 이색의 덕업이 후손을 덮을 수 있으니 그 세덕世德을 계승하여 근원을 잊지 않게 하려는 뜻이었다고 한다.[10]

이광정은 김양현金良鉉의 딸인 의성김씨義城金氏와 결혼해 이우李堣·이도李擣 2남과 1녀를 낳았다. 딸은 장수훈張壽勛에게 시집갔다. 의성김씨는 학봉鶴峯 김성일金誠一의 6세손이다. 측실과의 사이에 아들 이급李圾이 있었다.

10 李光靖,『小山集』卷7,「改字說」. "昔我外王父密菴先生命名吾兄弟以靖字 蓋以先祖文靖公之德業 足以庇覆後昆 而欲其紹述世德 不忘其所由生也."

이우의 자는 치춘穉春이며, 호는 면암俛庵이다. 부인은 이륜李綸의 딸인 전주이씨全州李氏이며, 병탁秉鐸과 영만永萬 2남과 3녀를 낳았다. 이영만은 숙부 이도의 양자로 들어갔다. 세 딸은 정용鄭墉 · 김태수金兌壽 · 강서흠姜書欽에게 각각 시집갔다.

이병탁의 자는 자목子木이며, 호는 구옹癯翁이다. 첫째 부인은 정하종鄭夏宗의 딸인 오천정씨烏川鄭氏이며, 둘째 부인은 윤성헌尹成憲의 딸인 파평윤씨坡平尹氏이다. 아들은 이수현李秀賢이다.

이광정은 생가의 모친 재령이씨가 일찍 세상을 떠났는데, 당시 이상정은 여섯 살이었고 이광정은 세 살이었다. 둘째 형 이헌정은 스물네 살에 전염병으로 일찍 죽었다. 1748년에 부친이 돌아가신 뒤, 첫째 형 이후정마저 죽게 되자, 이광정이 의지할 사람은 셋째 형 이상정뿐이었다.

이광정은 이상정의 죽음을 애도하는 제문에서, "아우는 형님을 목숨으로 여겼고 형님은 아우를 수족같이 여겨 언제 어디서나 기쁘고 슬플 때나 어떤 일이건 간에 서로 의지하지 않은 적이 없었습니다. 글의 뜻을 강구하고 사색하여 터득한 것이 있을 때는 반드시 함께 토론하고 헤아렸습니다. 한 가지 맛있는 음식이 생기면 함께 나눌 것을 생각했고, 한 가지 일을 처리할 때는 함께 의논하기를 생각했습니다. 혹 산사에 갈 때는 형님이 앞서고 아우가 뒤따랐고, 때로 한 방에서 마주할 때는 형님은 제 말에 대답하고 아우는 형님 말에 응대했으니, 하루도 서로 떨어진 적이 없었습니다."[11]라고 두 사람의 관계에 대해 술회했다.

두 형제가 서로 절차탁마하는 모습은 당시 사람들이 하남백숙河南伯叔이라고 일컬어 중국 송대의 정호 · 정이 형제에게 견줄 정도였다. 이상정의 아들 이완은 "아우 소산공과 더불어 한 가지 선을 들으면 기쁘게 서로 말해주고, 한 가지 맛있는 음식을 얻으면 즐겁게 서로 나누었다. 한 방에서 조용히 지내면서 서로 널리 학문을 익히고, 예의로써 행동을 단속했다. 집안사람들은 늘 책상을 맞대고 책을 읽는 것을 보았고, 때때로 토론하며 옳고 그른 것을 따져 변론하는 말을 들었을 뿐이다."[12]라고 두 사람의 우애를 묘사했다.

이광정의 아들 이우는 "부친과 함께 책상을 맞대고 마주 앉아 책을 보고 토론할 때, 반복하여도 의견이 합치되지 않는 곳이 있어도 심하게 따지지 않았다. 강론하는 것 외에는 한마디 말도 서로 고집하는 것을 본 적이 없었다."[13]라고 기억했다.

이처럼 이광정은 이상정과 평생토록 함께 강학하면서 의지하며 따랐다. 그는 이런 관계에 대해, "아우는 형님에 대해 은혜는 형제이지만 의리는 사우師友였습니다. 형제의 은혜에다 사우의 의리를 겸했으니, 그 은혜의 경중과 대소가 마땅히 어떠하겠습니까?"[14]라고 표현했다. 자신은 동생이면서 제자라고 자처한 것이다. 이광정이 이상정의 행장

11 李光靖, 『小山集』 卷10, 「祭三兄大山先生文」. "惟兄與弟 弟以兄爲命 兄以弟如手 出入遊息 憂患欣戚 緩急大小 未嘗不相須而相依 至於文義講究 思索有得 亦必與之討論而商確 得一味則思共分 處一事則思共議 或提攜乎山寺 兄先而弟後 或相對乎一室 兄諾而弟唯 蓋無一日而相離也."

12 김근호 외 옮김, 『국역 대산선생실기』 권4, 「遺事」, 한국국학진흥원, 2012, 204쪽.

13 김근호 외 옮김, 『국역 대산선생실기』 권4, 「遺事」, 한국국학진흥원, 2012, 205쪽.

14 李光靖, 『小山集』 卷10, 「祭三兄大山先生文」. "弟之於兄 恩則兄弟也 義則師友也 兄弟之恩 而兼師友之義 其恩輕重大小當如何."

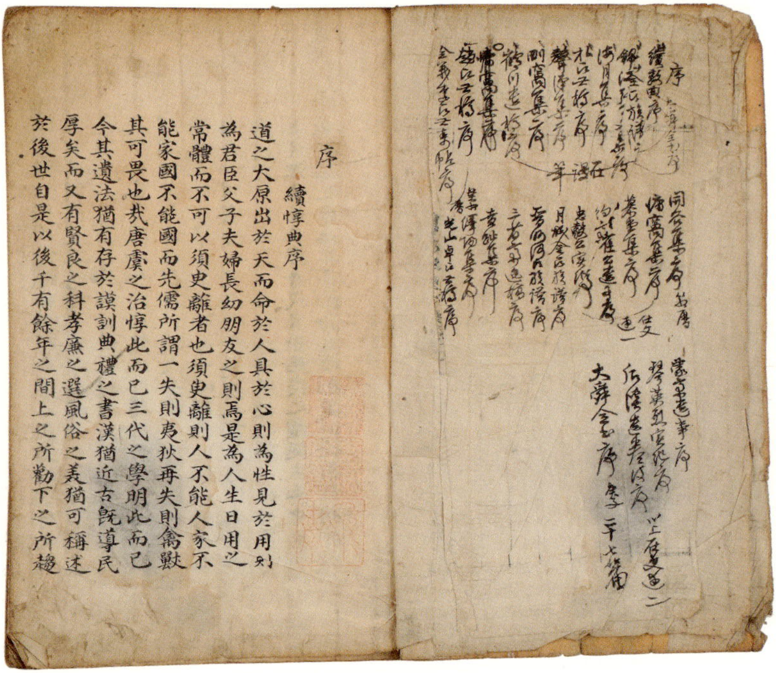
序

續惇典序

道之大原出於天而命於人具於心則爲性見於用則
爲君臣父子夫婦長幼朋友之則焉是爲人生日用之
常體而不可以須臾離者也須臾離則人不能人家不
能家國不能國而先儒所謂一失則夷狄再失則禽獸
其可畏也哉唐虞之治惇此而已三代之學明此而已
今其遺法猶有存於謨訓典禮之書漢猶近古旣導民
厚矣而又有賢良之科孝廉之選風俗之美猶可稱述
於後世自是以後千有餘年之間上之所勸下之所趨

소산집(한국국학진흥원 소장 - 한산이씨 소산종가 기탁자료)

제목을 '삼형대산선생행장三兄大山先生行狀'이라 쓰고, 본문 내용에서 한결같이 '선생'이라고 호칭한 것은 이런 입장을 드러낸 것이다.

그런데 이상정과 이광정이 서로 권면하면서 절차탁마한 모습을 구체적으로 확인할 수 있는 자료가 많지 않다. 이우의 말에 따른다면, 이광정은 이상정을 아버지 모시듯이 섬겨 날마다 문안을 드렸으며, 언제나 기쁜 모습으로 모시고 앉아 얘기를 나누며 하루를 마쳤다고 한다. 이우 역시 부친 이광정을 따라 이상정의 집에 있는 것이 일상이었기에 이상정이 살아 있을 때에는 그 집을 자기 집으로 여겼을 정도였다고 한다.[15] 따라서 이상정과 이광정은 직접 만나 강론하는 경우가 대부분이었으므로, 문자로 기록된 자료가 많지 않은 것이다.

간혹 서로 떨어져 지낸 시기가 있었는데, 이상정이 관직에 나가 있거나 이광정이 1757년부터 몇 해 동안 의성 귀산龜山에 우거했을 때였다. 이렇게 잠시 떨어져 있을 때 쓰인 편지에서 두 사람이 서로 안부를 묻고 학업을 권면하는 내용을 확인할 수 있다. 『대산집』에는 이광정에게 보낸 편지가 16통 수록되어 있고, 『소산집』에는 이상정에게 보낸 편지가 8통 실려 있다.

가장 이른 시기에 주고받은 편지는 1732년에 작성된 것이다. 이상정은 22세였고, 이광정은 19세였다. 『대산집』에는 작성한 때가 표기되어 있지 않지만, 『소산집』에 있는 편지에 근거해 같은 시기에 주고받은 것임을 알 수 있다. 편지의 내용을 통해 이상정이 이광정에게 어떤 말로 권면했는지 확인해보자.

> 가만 살펴보건대, 동생은 이에 대해 생각이 없지는 않고 견해가 없지는 않지만, 마음이 급하고 산란하여 세심히 탐구하고 차분히 이해하려 하지 않네. 일상생활 속에서 이 마음은 제멋대로 행하여 의리와는 서로 결부되지 않는데,

15 李埦, 『俛庵集』 卷11, 「先考承議郎司圃署別提府君家狀」. "其事伯氏府君 如事嚴父 不廢日省之禮 必陪晤怡愉以終日 不肯隨府君在伯氏府君家 日以爲常 故逮伯氏府君之世 不肯輩以伯父之家爲家也."

게다가 세상의 일에 골몰하게 된다면 또 홀연 잊어버리니, 그런 까닭으로 많은 세월이 흘러도 규모를 갖춘 성과가 없는 것이네. 전부터 누차 말하고 싶었지만 감히 다 말하지 못했는데, 다시 생각해 보니 이 또한 고식적인 사랑이었네. 날이 개이거든 한번 찾아와 여럿이 함께 강구하고 하나의 문을 찾아 속히 해낼 수 있다면, 아마 일생을 헛되이 보내지는 않을 것이니 작은 일이 아니네.

동생이 문장을 베끼고 시들을 가려 뽑고 잡서를 보는 것은 모두 실질적인 공부가 아니며, 마음을 허황하고 들뜨게 하여 차분함이 없게 하네. 반드시 사서四書와『근사록近思錄』,『심경心經』, 주자서朱子書 등을 단락마다 구절마다 읊조리고 외워 의미가 푹 젖어 들도록 해야 하니, 이것이 가장 힘을 얻는 것이라네. 내가 여기에서 조금 효험을 얻은 듯하여 말하는 것이네. 지금 당장 모든 일을 제쳐 두고 착수해야지 천천히 내일로 미뤄서는 안 되네. 문득 이러한 생각이 들었으나 비 때문에 갈 수가 없어 편지를 보내며 이만 줄이네. 이 편지를 자세히 읽어 보고 만약 온당하지 않거든 가부를 회답해 주게.[16]

이상정은 비 때문에 찾아갈 수 없어 편지로 대신 전한다고 말했다. 하지만 사실은 이전부터 누차 말하고 싶었으나 감히 다 말할 수 없어 글로써 자기 생각을 밝힌 것이었다. 동생의 부족한 부분에 대해 함구하는 것은 고식적인 사랑일 뿐이라고 깨달았기 때문에, 그의 정수리에 침을 놓듯 따끔한 훈계를 말해서 더욱 진보하기를 바란 것이다.

16 李象靖,『國譯 大山集』제7책,「與季弟休文光靖」, 한국고전번역원, 83쪽.

내용을 요약하자면, 이상정은 이광정에게 마음이 급하고 산란하여 세밀하게 탐구하고 차분하게 이해하지 않는 문제점이 있다고 지적했으며, 사서四書·『근사록近思錄』, 『심경心經』, 주자서朱子書 등에 침잠하여 실질적인 공부에 힘쓰라고 권면했다. 이광정은 답장에서 "모두 가슴에 새겨 늘 암송해야 할 것입니다."라고 받아들였다. 그리고 경서를 읽으라고 권면한 말은 자신의 뜻과 같으며, 『시전詩傳』이나 『서전書傳』 한두 전을 다 읽고 나서 다시 『중용中庸』과 『대학大學』을 공부할 것이라고 계획을 말했다.[17]

1750년에 이광정이 이상정에게 보낸 편지에서는 최흥건崔興建(1712~1769) 형제[18]가 우리 형제에게 기대하는 뜻이 매우 근실하다고 전했다. 그리고 자신도 그들 형제가 한결같은 의지로 실천하고 강학하면서 밤을 새워가며 병든 것도 잊어버리는 모습에 감동하여 분발하게 되었다고 말했다. 이 편지를 받고 이상정은 최흥건 형제가 기대하는 뜻은 전혀 실제에 맞지 않으므로, 매우 놀랍고 두려운 심정이라고 자기를 돌아보며 낮추었다. 그러나 그들을 통해 동생이 감동되는 효과가 있었으니, 이러한 바탕에서 북돋는 공부를 해나간다면 큰 발전이 있을 것이기에 매우 다행이라고 격려했다.

편지의 마지막 부분에서는 "우리는 이미 세상에 쓰임이 없고 집에서

17 李光靖, 『小山集』 卷7, 「答三兄大山先生(壬子)」. "特垂下覆 累累數百千言 無非可佩而誦也 …… 書末勸讀經書之敎 直是意思一般 方謀讀了一二傳 後更就庸學上做工."

18 최흥건의 자는 입부, 호는 陸窩, 본관은 慶州이다. 대구광역시 동구 둔산동 옻골[漆溪] 출신이다. 그의 형은 崔興遠(1705~1786), 崔興漸(1709~1771)이며, 아우는 崔興厚(1717~1799)이다.

구천강당(한국국학진흥원 제공)

도 하는 일이 없지만, 학문의 강론과 실천은 자신이 맡아야 할 것이네. 만약 맹렬히 공부하지 않으면 이는 바로 천지간의 한 마리 좀벌레이니, 반드시 지금부터는 하나의 큰일을 하는 걸로 결정짓고서 번잡하고 쓸데없는 일은 버려두고 독실히 힘을 써서 조금이나마 성취가 있도록 해야 할 것이네."[19]라고 권면했다. 그런데 이 말은 동생에게 힘쓰게 한 내용이

19 李象靖, 『國譯 大山集』 제7책, 「答休文」, 한국고전번역원, 86쪽. "吾輩旣無用於世 在家又無所猷爲 惟此一著 屬自家境界 若不痛猛做工夫 直是天地一蠹 須從今判命做一件大事 撥置煩宂 篤意用力 方有少分效應耳."

면서 자신을 향한 다짐이라고 보는 편이 자연스럽다.

때로는 이상정이 이광정의 권면에 의해 생각을 전환하고 마음을 새롭게 일으킨 사실이 편지에 남아 있다. 이광정이 귀산에 우거할 무렵 주고받은 편지로 추정되는 내용에서, 이상정은 “지난번 편지에서 했던 경책의 말은 사람을 크게 깨닫게 하였네. 이제부터는 마땅히 일에 따라 요약하고 경전 공부에 치중해야 할 것이네.”라고 자신이 받은 격려를 고마워했다.[20] 다른 편지에선 “서당에서 『심경』을 한 번 읽었는데 의미가 5, 6년 전만 못하였네. 마음이 혼란스러워 은미한 뜻을 보지 못하고 체득한 것도 오래가지 못하니, 아마 이렇게 끝나고 말 것 같네. 매우 부끄럽고 두렵네. 자네는 요즘 어떤 글을 보는가? 터득한 바와 의문되는 바가 있는가?”[21]라고 자신의 노쇠함을 토로하며 동생을 통해 분발하는 계기로 삼으려 했다.

2) 『대산집』 간행의 주도

이상정의 생전에도 이광정은 형을 대신해 글을 지은 경우가 적지 않았다. 『소산집』에서 가형家兄을 대신해 지었다고 주석되어 있는 작품을

20 李象靖, 『國譯 大山集』 제7책, 「答休文」, 한국고전번역원, 101쪽. “頃書中有警語 極令人有省悟處 自此當隨事節約 就冷落界上做活計耳.”

21 李象靖, 『國譯 大山集』 제7책, 「答休文」, 한국고전번역원, 102쪽. “書堂時看心經一過 意味不如五六年前 心眼昏憒 看得微意不出 體認又不耐久 恐終焉而已 深自愧懼 君近看何文字 有所得所疑否.”

살펴보면, 「축산전씨족보서竺山全氏族譜序」(1765), 「금강장공문집서錦江張公文集序」, 「해월집서海月集序」, 「송와처사안공행장松窩處士安公行狀」, 「종조숙부양졸당공행장從祖叔父養拙堂公行狀」 등이다. 그리고 이상정이 별세한 뒤에는 형이 수락해 놓은 글을 대신해서 마무리 짓거나, 이상정과 친밀한 관계에 있었던 인물의 경우는 청탁을 거절하지 않았다. 예를 들자면, 「개곡집서開谷集序」, 「괴음정기槐陰亭記」(1786), 「서담집발西潭集跋」, 「주부청향당이공행장主簿淸香堂李公行狀」, 「정헌대부지중추부사난졸재이선생행장正憲大夫知中樞府事懶拙齋李先生行狀」 등이다.

이광정은 이상정의 부재를 대신해야 한다는 책임감을 무겁게 가졌던 것으로 보인다. 그는 형을 애도하는 제문에서 "내외 집안일의 부탁은 형님 한 몸에 온전히 있었는데 지금은 끝나버렸습니다. 이로부터 집안의 크고 작은 일을 누가 주장할 것이며, 외가 어른의 행적을 기술하여 후대에 전해 미덥게 할 일을 누가 담당할 수 있겠습니까?"[22]라고 탄식했다.

그러나 이광정이 스스로 가진 가장 큰 책임은 이상정의 학문과 덕행이 잊혀져 사라지지 않고 후세에 전승되도록 하는 일이었다. 이광정은 이상정을 위해 문집 간행과 행장 찬술에 여생의 힘을 쏟았다. 이상정의 문집은 이광정과 이완을 중심으로 여러 문인이 참여한 가운데 수집·편차되었다. 류범휴柳範休의 「연보年譜」(『호곡집壺谷集』 권13)에 의하면, 1784년 1월 고운사孤雲寺에 모여 『대산선생문집大山先生文集』을 교정

22 李光靖, 『小山集』 卷10, 「祭三兄大山先生文」. "內外門戶之託 全在於兄之一身 今焉已矣 自此門內有大小大事 誰可主張 外氏記述傳信之業 誰可負荷."

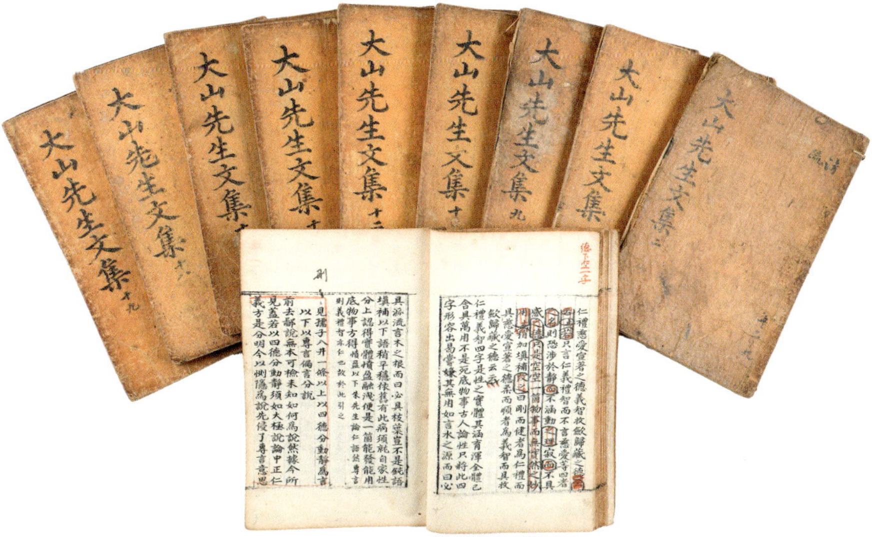

대산선생문집(한국국학진흥원 소장 – 한산이씨 소산종가 기탁자료)

했다고 하면서 1782년 장례 후 이상정의 아들 이완이 문인들과 정리한 것을 이때 편차했으며, 이종수·김종덕·류범휴가 교정했다고 했다.

또 1784년 이완이 『대산집』 교정의 일로 류회문柳晦文에게 와서 머물렀으며, 이광정의 아들 이우가 쓴 「문집고성문文集告成文」에서는, 이광정이 유문을 찬집하여 편차하고 문인들이 정밀히 교정했으나 미처 간행하지 못한 채 별세했다고 했다. 그리하여 이광정과 이완이 중심이 되어 문인들과 함께 작업을 진행하다가 두 사람 모두 1789년에 별세하자 이광정의 아들 이우가 이어받아 유문을 보완하여 간행했다. 이상정이 별세한 지 21년 만인 1802년 가을에 부친 이광정의 뜻을 이어서 공역을 마쳐 52권 27책을 간행한 것이다.[23]

3) 행장 찬술을 통한 대산학大山學 정초

이상정의 행장은 이광정에 의해 지어졌다. 이광정의 말에 따른다면, 이완이 "장례에 묘지墓誌가 없을 수 없으니, 행장 1통을 얻어 문장가에게 글을 청하길 원합니다."라고 눈물을 흘리며 청했다고 한다. 하지만 이광정의 입장에선 형의 평소 모습과 음성이 눈과 귀에 또렷하게 남아 있는데다 전할 수 없는 정신과 마음은 자신의 식견으로 형용할 수 없는 것이므로, 슬픔을 억누른 채 몇 달 동안이나 차마 쓸 수 없었다고 한다.[24]

이처럼 이광정은 이상정의 행장을 짓는 일에 막중하고 두려운 책임감을 느꼈다. 그는 형의 영전 앞에 제문을 올리면서, 행장을 짓는 일을 어찌 쉽게 할 수 있겠냐고 고백했다. 행장을 지으려면 작자의 덕이 대상 인물의 아름다움을 충분히 알 수 있어야 하고, 문장은 세상 사람들에게 신임을 받은 뒤에야 가능하다. 그런데 자신처럼 어리석고 하찮은 사람이 어찌 만분의 일이라도 기술할 수 있겠느냐고 생각했기 때문이다.

하지만 가장家狀은 남에게 맡기고 싶지 않아 자신이 대강 지어놓았다고 했다. 그런데 문장이 졸렬하고 껄끄러워 온갖 하자가 있으니, 어떻

23 김은정, 「『대산집』 해제」, 한국고전번역원, 2001. http://db.itkc.or.kr/dir/item?grpId=hj#/dir/node?grpId=hj&itemId=MI&dataId=ITKC_MI_0531A

24 李光靖, 『小山集』 卷12, 「三兄大山先生行狀」. "先生歿且葬矣 埦泣請曰葬不可以無誌 願得紀行一通 乞言于秉筆者 顧念平日儀容謦欬 耿耿在耳目 而不可傳者 非余之識所能形容 以是掩抑而不忍書者數月."

게 덕의 아름다움을 형용하고 남에게 신임을 받을 수 있겠느냐고 부끄러워했다. 그렇지만 돌아가신 형님의 겸손한 덕은 아우가 진실로 알고 있어 감히 실상에 넘치는 말을 하지는 않았으니, 헤아려 주시길 바란다고 고했다.[25] 현재『대산실기』에 가장이 수록되지 않은 점으로 볼 때, 이광정은 이 가장을 바탕으로 행장을 찬술했으며, 행장을 지은 후 가장은 별도로 전하지 않은 것이라고 이해된다.

이광정이 지은 이상정의 행장은 총 6,256자로, 매우 상세한 내용을 담고 있는 장편이다. 전반부에는 이상정의 일생을 가계로부터 시작해서 연대순으로 중요한 행적을 기술했다. 후반부에는 이상정의 학문과 수양에 관해 서술했는데, ① 도를 행한 것[爲道], ② 학문을 탐구한 것[爲學], ③ 사람을 대한 것[及於人], ④ 일상생활에 드러난 것[見於日用], ⑤ 책을 읽은 것[讀書], ⑥ 정사政事에 시행한 것[施於事], ⑦ 저술한 것[論著] 등을 골자로 삼았다.

이상정의 학문이 가지는 특징을 가장 선명하게 볼 수 있는 부분은 저술일 것이다. 이광정은 성리학과 관련해서 이상정의「사단칠정설四端七情說」과『이기휘편理氣彙編』을 제시했다.「사단칠정설」의 체제는 사단·칠정에 대한 혼륜간과 분개간의 논거를 각각 제시한 뒤 이상정 자신의 견해를 밝혔으며, 최종적으로 두 관점을 종합하여 회통하는 입장에서

25 李光靖,『小山集』卷10,「祭三兄大山先生文」. "狀兄之行 豈可易哉 德足以知其嫩 文足以信於世 然後可以爲之 如弟蒙陋 何敢紀述其萬一 而家狀則亦不欲倩於人 故弟已草草構成 然文辭拙澀 疵累百出 其何能形容德嫩 而又豈能取信於人乎 惟兄謙遜之德 弟實知之 故不敢爲夸溢之辭 兄其諒之否乎."

자신의 설을 개진했다. 따라서 「사단칠정설」에 제시된 혼륜간과 분개간의 논거를 통해, 이상정의 사단칠정론이 구체적으로 어디에 근거하고 있는지를 간명하게 파악할 수 있다.

『이기휘편』은 이상정의 주요 저술 부분에서 이미 서술했었는데, 이광정이 지은 행장에서도 중요한 저술로 소개되어 있다. 이광정은 「사단칠정설」과 『이기휘편』에 대해 "위로 공자·맹자와 정자·주자로부터 아래로 퇴계의 뜻에 이르기까지 남김없이 뽑아 모아, 쳐서 넘어뜨려도 부서지지 않게 하여 백 년 동안 확정하지 못했던 논의를 확정할 수 있게 되었다."[26]라고 그 의의를 평가했다.

수양론과 관련해서는 『제양론制養論』과 『경재잠집설敬齋箴集說』을 소개했는데, 이 저술들도 이상정의 주요 저술 부분에서 이미 언급했었다. 이외에 「만수록晚修錄」을 저술한 일, 『사례상변통고四禮常變通攷』·『주자전서周子全書』·『연평답문속록延平答問續錄』·『약중편約中篇』·『병명발휘屛銘發揮』 등을 편찬한 사실도 서술했다.

이 중에서 『약중편』은 이상정의 심성 수양에 관한 이해를 파악할 수 있는 저술이다. 이상정은 심성론을 논할 적에 이론적인 측면과 아울러 실제로 자신의 심성에 나아가 체험하여 깨닫는 것[體得]을 중요하게 생각했다.[27] 이는 심성론이 이론적 공허에 빠지기 쉬운 점을 극복하고

26 李光靖, 『小山集』 卷12, 「三兄大山先生行狀」. "上自孔孟程朱 以至於退陶之旨 採摭無遺 攧撲不破 可以定百年未定之論."

27 李象靖, 『大山集』 卷41, 「論李學甫李景顔論心性未發已發」. "就自家心性 密加涵養省察之功 久久自有默然契悟處 不可專靠講說以爲究竟也."

約中篇 全

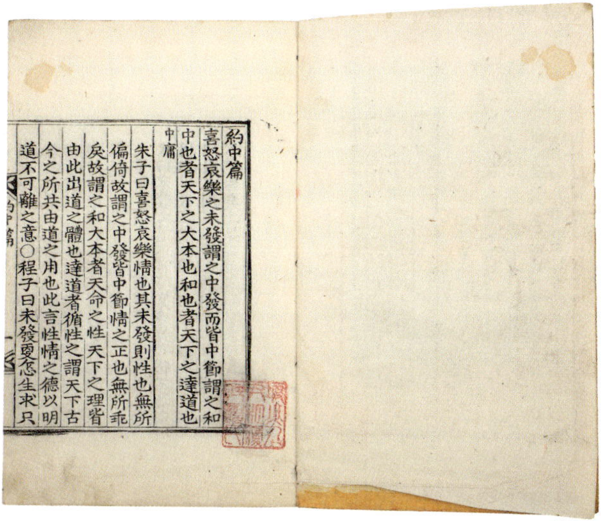

約中篇
喜怒哀樂之未發謂之中發而皆中節謂之和
中也者天下之大本也和也者天下之達道也
中庸
朱子曰喜怒哀樂情也其未發則性也無所
偏倚故謂之中發皆中節情之正也無所乖
戾故謂之和大本者天命之性天下之理皆
由此出道之體也達道者循性之謂天下古
今之所共由道之用也此言性情之德以明
道不可離之意○程子曰未發更怎生求只

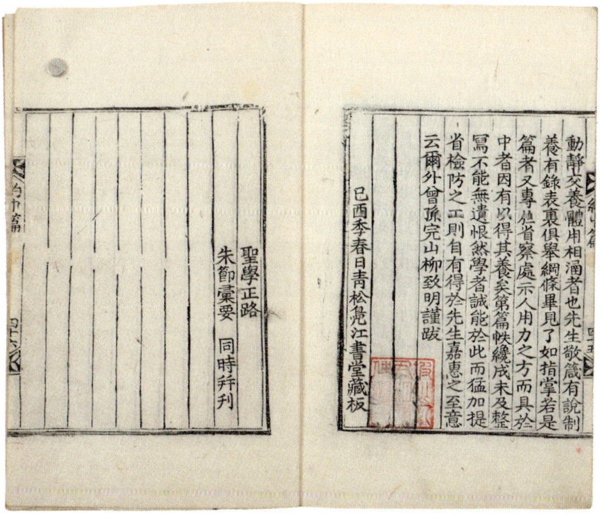

動靜交養體用相涵者也先生敬箴有說制
養有錄表裏俱擧綱條畢見了如指掌若是
篇者又專於省察處示人用力之方而具於
中者因有以得其養矣第篇帙纔成未及整
寫不能無遺恨然學者誠能於此而猛加提
省檢防之工則自有得於先生嘉惠之至意
云爾外曾孫完山柳致明謹跋
已酉季春日青松晃江書堂藏板

聖學正路
朱節彙要 同時幷刊

약중편(한국국학진흥원 소장 -
한산이씨 대산종가 기탁자료)

일상생활 중에서 실제적으로 체득함으로써 이론과 실천을 균형 있게 조화시키려는 노력이었다. 『약중편』은 이러한 문제의식에 의해 지어진 저술이다. 이 책은 칠정의 조목인 희喜·노怒·애哀·락樂·애愛·오惡·욕欲을 각기 하나의 주제어로 삼고, 그 조목에 해당하는 경서의 내용이나 학자들의 해설을 분류하여 수록했다. 이를 통해 이상정이 도덕적 감정인 사단을 확충하는 것뿐만 아니라, 일반적 감정인 칠정도 상황에 맞게 절제하는 것을 중시했다는 사실을 확인할 수 있다.

행장의 마지막 부분에서, 이광정은 평생 함께 절차탁마한 목격자로서 이상정이 이룩한 학문과 수양을 다음과 같이 평가했다.

> 오호라! 주자 이후에 퇴계 선생이 동방에서 우뚝 일어나, 진실함이 쌓이고 힘씀이 오래되어 학업이 넓고 공부가 높아서 백세토록 전하지 못했던 실마리를 이었다. 문하에서 배운 제현과 후대의 호걸들이 차례로 일어나서 사도斯道를 보위하니 그 공이 우뚝하였다. 그러나 근래에 들어 덕이 높은 원로와 멀어지니, 유풍儒風이 쇠퇴해졌다. 우수한 자질을 가진 자는 글의 뜻에 집착하고 열등한 자질을 가진 자는 명성에 빠졌지만, 아무도 구제하여 바로잡지 못했다.
>
> 선생이 외가에서 실마리를 찾아 문빗장을 열고 깊이 잠겨 오래도록 쌓아간 공부에서 자득한 것이 많아서, 참으로 성인의 말씀이 나를 속이지 않고 의리가 마음을 기쁘게 하는 것임을 깨달았다. 학문은 하늘과 사람의 이치를 깨닫는 데에 이르렀지만 스스로 보기에는 오히려 부족한 듯이 생각했으며, 행실은 신명을 관통했지만 스스로 충분하다고 생각하지 않았다. 덕이 성대해질

> 수록 마음은 더욱 낮아지고 도가 높아질수록 예의는 더욱 공손했으니, 사람들이 대문을 바라보고서도 공경하는 마음이 일어나게 하고 방에 들어와서는 아련히 친애할 수 있게 했다. 남들에게 구하지 않아도 남들이 응하고, 은덕을 베풀지 않아도 사람들이 신뢰했다. 너그러우면서도 절제함이 있었고 맑으면서도 교만하지 않았으며, 옛사람을 사모하지만 매몰되지 않았고 의리에 처하여 어긋나지 않았다. 빼어난 기운은 거두어 단속하는 수양으로 감추었으며, 끈질긴 노력은 번잡스러운 일들에서 나타났다. 한 몸에는 도리道理가 유행했으며, 마음에선 남과 나를 모두 잊었다. 도를 체득하고 덕을 증진하는 일을 죽은 뒤에야 그만두었으니, 병이 들어 생사를 오갈 즈음에서 살펴볼 때 또한 평소 수양한 바를 충분히 증명할 수 있다.[28]

이광정은 주희의 학문을 이황이 계승했고 그 뒤로 뛰어난 후학들이 계속 뒤이어 우리나라에 주자학의 도통이 전해지게 되었다고 인식했다. 하지만 훌륭한 원로들이 살았던 시대와 멀어지자, 근래에 이르러선 유풍儒風이 쇠퇴하여 우수한 자질을 타고난 학자들은 실질이 없는 문장의 뜻에 천착하여 매달리고, 열등한 자질을 가진 학자들은 자신을 드러

28 李光靖, 『小山集』 卷12, 「三兄大山先生行狀」. "嗚呼 朱子以後退陶先生崛起東服 眞積力久 業廣功崇 以續百載不傳之緖 及門諸賢 後來豪傑 次第繼作 以衛斯道 厥功偉然 而輓近以來 耆德遠矣 儒風寢衰 上者泥於文義 下者溺於聲名 莫之救以正 先生發端啓關於外門 而沈潛積累之工 自得爲多 眞覺聖言之不我欺 理義之悅於心 學際天人而自視猶欿然 行貫神明而不自以爲足 德愈盛而心愈下 道彌尊而禮彌恭 望門而令人起敬 入室而僾然可親 不求物而物應 不施德而人孚 寬而有制 淸而不矯 慕古而不泥 處義而不乖 英氣藏於斂飭 堅苦著於煩劇 道理流行於一身 物我兩忘於心上 體道進德 死而後已 觀於疾病死生之際 又足以驗平生之所養矣."

내는 명성을 갈구하는 풍조가 굳어졌다고 보았다.

이런 상황 속에서 이상정은 외조부 이재의 문하에 수학하여 이황으로부터 전해진 실마리를 찾아 오랫동안 학문과 수양에 힘써 스스로 깨달은 부분이 많았다. 그리하여 경서의 내용에 담긴 의미를 진정으로 알게 되어 깊은 희열을 맛보았다. 이광정은 이상정의 학문이 하늘과 사람의 이치를 깨닫는 경지에 이르렀으며, 행실은 신명을 관통하는 지경까지 이르렀다고 보았다. 하지만 이상정 스스로는 늘 부족하게 여겼다. 이상정은 덕이 성대해질수록 마음은 더욱 낮아지고 도가 높아질수록 예의는 더욱 공손해지는 모습이었다. 이광정은 형님의 이런 면모에 크게 감동했다. 마침내 이상정의 한 몸에서 도리道理가 유행할 정도로 사욕에 의한 막힌 간극이 사라지게 되었고 마음에선 남과 나를 모두 잊어 사견에 의한 구별이 없어졌지만, 이상정은 도를 체득하고 덕을 증진하는 일을 죽는 순간까지 멈추지 않았다고 증언했다. 그 증거로는 임종의 순간에 이상정이 보인 모습을 살펴본다면 평소 수양한 바를 분명하게 알 수 있다고 제시했다. 이상정은 별세하기 하루 전날 문하의 제자들을 불러 마지막 유언으로 평상平常에 힘쓰라는 말을 남겼다. 이 유언은 일상의 삶 속에 실재하는 도리에 대해 알기를 권면한 것일 뿐만 아니라, 그 자신이 죽음의 순간에 이르기까지 도리에 관한 생각을 놓지 않았음을 보여준다.

이광정은 행장의 서술을 끝맺으며, 이상정이 이룩한 정밀하고 깊은 학문과 독실한 실천에 근거한다면, "퇴계 선생의 적전이라고 해도 가할 것이다."라고 제기한 후, "옛사람을 논하는 군자들은 어떻게 생각할는지?"[29]라고 학자들의 평가를 기다렸다. 이광정은 행장의 서술을 통해 이황의 적통이 이상정에게 이어진 사실을 밝히고자 했다.

29 李光靖,『小山集』卷12,「三兄大山先生行狀」. "造道精深 踐履篤實 雖曰退陶之適傳可也 追思昔曰謙德 雖不敢夸言 而又不可全沒其實 略敍世系履歷 而係以斯道之傳 未知尙論之君子以爲如何也."

30년만에 이루어진 이상정의 꿈、 고산정사

고산정사(한국국학진흥원 제공)

高山精舍

이상정은 고산정사의 공사가 마무리 될 즈음인 1769년 12월 납일에 「고산잡영병기高山雜詠幷記」를 작성하여 건립 과정, 건물 명칭, 주인의 지향 등을 상세하게 밝혀놓았다. 이 글을 토대로 고산정사에 관해 설명해보자.

먼저 고산정사를 건립한 과정을 살펴본다면, 이상정은 서른 살 무렵 어떤 일로 인해 고산정사가 지어질 곳을 지나간 적이 있었다. 그때 그는 높은 산, 깊은 물, 바람과 안개가 감도는 것이 너무도 좋아 마음 깊이 여기에 은거하려는 생각을 가지게 되었다. 곧장 산을 사서 집을 짓고 유유자적한 삶을 살고 싶었지만, 능력이 미치지 못해 그저 이곳을 왕래하며 마음속으로 잊지 못했다.

이상정이 1752년 42세에 지은 아래의 시는 그런 심정을 곡진하게 드러내고 있다.

(중략)

중간에 작은 경사지가 펼쳐져 있어,	中開小陂陀
그럭저럭 몇 칸 집을 지을 수 있겠네.	數椽聊可結
조물주가 기이한 속임수를 발휘하여,	造化逞奇技
얼마나 오랜 세월 감추어 두었었나?	藏祕幾歲月
추억해 보니, 지난 십 년 전에,	憶曾十年前
필마로 잠시 왔던 적이 있었지.	匹馬來暫忽
흡족하게 이 마음에 들었기에,	欣然會此心
날마다 꿈에서 몹시도 그리워했지.	夢想勞日日

가을바람 불 즈음 우연히 기회를 얻어, 秋風偶借便
좋은 벗들 데리고 함께 찾아보았네. 良友共提挈
천천히 걸어서 징검다리를 건너, 徐行度石矼
산책하며 숲으로 들어가 보았네. 散策穿林樾
풍광에 눈이 홀연 밝아지니, 風烟眼忽明
산과 물이 더욱 높고 깨끗하네. 山水增高潔
주민들 풍속이 자못 순박해, 居氓俗頗淳
한잔 술 권하는 정이 친밀하네. 杯酒情款密
백구白鷗와의 맹약을 어긴 지 오래인데, 鷗盟舊已寒
묵은 빚을 이제야 갚아 보려 하네. 宿債今欲畢
언제쯤에나 한 칸짜리 작은 집이, 何時一間屋
내 눈앞에 우뚝 서게 될 것인가? 眼前見突兀
원숭이, 새는 곧잘 놀라 의심하는데, 猿鳥肯驚猜
언덕 위의 구름은 보며 즐길 만하네. 隴雲堪怡悅
단표의 즐거움이 또한 있나니, 簞瓢樂亦在
독서하는 맛이 갈수록 각별하네. 圖書味轉別
아련하게 고인을 그려 보노라니, 宛宛思古人
천 년의 마음은 쇠하지 않았네. 千載心不老
세모에 누가 나를 감상해 주리? 歲晏孰華余
깨어나 묵묵히 읊조려 볼 뿐이네. 寤言歌弗告[30]

이상정이 마침내 뜻을 이룰 수 있었던 것은 이때로부터 다시 15년이 지난 1767년 봄이었다. 제자인 후산 이종수와 구재苟齋 김종경金宗敬(1732~1785)이 처음부터 끝까지 일을 주관하여 세 칸에 여덟 개의 기둥으로 흙언덕[土墩] 위에 지었다. 그런데 띠를 얹자마자 부인 장수황씨長水黃氏가 세상을 떠났다. 이상정은 부인을 위해 지은 제문에서 "한번은 한숨을 쉬며 나에게 말하기를 '산 깊고 물 좋은 곳에 두어 칸의 초가집을 짓고 그대는 나무하고 나는 물 길으며 조용한 물가에서 노년을 보내는 것이 소원입니다'라고 했다. 아아, 이는 소군少君과 맹광孟光의 뜻이었는데 내가 무능하여 이런 것도 마련해 주지 못하고 궁벽한 거리에 파묻혀 살아 그 고상한 뜻을 이루어 주지 못했으니, 식견이 좁은 남편임을 늘 스스로 부끄러워했다."라고 자책했다. 고산정사의 건립과 부인의 부재가 동시에 겹쳐지면서 이상정은 부인에게 더욱 미안한 마음이 컸을 것이다. 그리하여 그는 슬픔에 경황이 없어 다시 2년의 시간을 보냈다.

그런데 처음에 집터로 정한 언덕진 곳은 전망이 시원하게 탁 트였지만, 강물이 가깝고 바람이 많아 오래 거처할 수 없었다. 결국 언덕 안쪽으로 집터를 옮기게 되었다. 이곳은 촌락이 가까워 우아한 운치에는 맞지 않았으나, 물줄기가 만나 두루 감싸고 형세가 고루 원만하며, 산 전체의 중앙을 차지하여 바위 봉우리와 계곡이 마치 두 손을 모으고 인사를 올리는 듯이 앞쪽을 둘러싸고 있었다. 그리하여 1769년 10월 16일에 공

30 李象靖, 『國譯 大山集』 제1책, 「再行視高山 得古詩一篇」, 한국고전번역원, 210~211쪽.

사를 시작하여 거의 십수 일 만에 대체적인 모습을 갖추게 되었다. 이상정은 당시의 감회를 "30년을 마음에서 잊지 못하다가 비로소 공사를 하게 되었고, 다시 3년 만에 대충 완성했다. 당실堂室이 완성된 뒤에 들어갈 수 있는 것으로 따진다면 또 약간의 시일이 걸릴 것이다. 나는 내년이면 벌써 예순이 되니, 얼마의 시간을 누릴 수 있을지 알 수는 없다. 그러나 예전 나그네로 지나던 곳에 엄연히 내가 살 산수의 집을 이루었으니, 얼마나 다행인가!"라고 표현했다.

이상정은 고산정사가 자리한 곳의 자연지리에 관해 다음과 같이 설명했다.

> 보현산普賢山의 한 줄기가 동쪽으로 나와 정령鼎嶺이 되고, 갈라져 남북으로 두 줄기가 되었다. 남쪽 줄기는 서쪽으로 110리를 내달려 송현松峴이 되었고, 북쪽으로 꺾여 몽현夢峴이 되었으며, 또 동쪽으로 꺾여 원수봉圓秀峯이 되었다. 북쪽 줄기는 서북쪽으로 향하여 갈라산葛蘿山, 토령兔嶺, 월봉月峯이 되었고, 원수봉의 동남쪽에 이르러 정수봉靜壽峯, 제월봉霽月峯, 일제봉日躋峯 등이 되었다. 제월봉 아래에는 취벽翠壁이 있는데 높이가 수십 길이고 너비도 마찬가지이다. 그 위에는 측백나무가 무성히 자라 그 울창함이 사랑스럽다. 물은 두 산의 사이에서 발원하여 벼랑과 나란히 아래로 흐른다. 공산公山의 남쪽에 이르러서는 들판이 끝나고 산이 높은데, 산골짜기에는 초목이 무성하다. 물속엔 어지러운 돌들이 빼곡하며 세 번 꺾여 취벽 아래에 이르러서는 물이 감돌아 못이 되었는데, 넓고 깊으며 맑고 푸르러 작은 배를 띄울 만하다. 또 세 번 꺾여 낙동강洛東江으로 들어가는데 전후로

굽이진 것이 모두 일곱 곳이다. 원수봉이 마침내 떨어져 나와 남쪽으로 내려오고 동쪽으로 굴러 중간 크기의 언덕이 되는데 이곳이 바로 제4곡曲이다. 뒤는 높고 점점 낮아지다가 끝나는 곳에 이르러서는 좌우가 조금 움푹 들어가고 가운데는 약간의 비탈을 이룬다. 앞에는 모두 암석으로 뭉쳐지고 절벽을 마주 대하면서 앞에는 물이 흐르고 있어, 이 산 중에 가장 아름다운 곳이다.[31]

정사의 이름을 '고산高山'으로 지은 까닭은 이곳의 골짜기가 고암高巖이라 통칭되고 또 별도로 암산巖山이라 일컬어지기 때문에 이 둘을 합하여 고산高山이라 이름했다고 한다. 하지만 지명에 근거한 지역적 연고가 표피적 의미라면, 그것과 함께 작명자가 그 이름 속에 담고 싶은 심층적 의미를 이해할 필요가 있다. 이 의미에 관해선 고산정사 주인의 지향을 서술할 때, 상세하게 서술하기로 한다.

이상정은 고산정사에 관해 다음과 같이 시로 나타냈다.

우뚝 솟은 첩첩 산 엄연히 제 모습 간직한 채,	嶷嶷層巒儼自持
푸르른 한쪽 면은 집을 마주하여 기이하여라.	靑蒼一面當軒奇
부지런히 도를 추구하여 종신토록 일삼으면,	孶孶嚮道終身事
굽어보고 우러르는 사이에 드는 생각 있으리라.	俛仰中間有所思[32]

31 李象靖, 『國譯 大山集』 제1책, 「高山雜詠幷記」, 한국고전번역원, 431쪽.
32 李象靖, 『國譯 大山集』 제1책, 「九絶(七言) - 高山精舍」, 한국고전번역원, 436쪽.

정춘헌 현판(한국국학진흥원 소장 - 한산이씨 대산종가 기탁자료)

고산정사는 세 칸으로 지어졌는데, 가운데 한 칸은 대청으로 '정춘헌靜春軒'이라 이름했다. 정이程頤의 "고요해진 뒤에 만물을 보면 자연히 모두 봄의 뜻이 있다[靜後見萬物 自然皆有春意]"라고 말한 것에서 취했다. 정춘헌의 시는 다음과 같다.

충융한 한 기운이 하늘을 돌려서,	冲融一氣轉洪匀
사시가 변화하여 모두 봄이 된다네.	四序推移摠是春
이 마음 욕심 없이 고요할 수 있다면,	倘得此心無欲靜
크건 작건 일에 따라 천진함 드러나리.	洪纖隨處露天眞[33]

33 李象靖, 『國譯 大山集』 제1책, 「九絶(七言) - 靜春軒」, 한국고전번역원, 437쪽.

방은 남쪽으로 정했으며, '응암凝菴'이라고 이름했다. 『중용中庸』 제27장의 '만일 지극한 덕이 아니면 지극한 도가 모이지 않는다[苟不至德 至道不凝焉]'라는 구절에서 취했다. 응암의 시는 이렇다.

지극한 도 가득함은 예나 지금 그대로니, 至道洋洋自古今
묘한 엉김 원래 마음 벗어나지 않는다오. 妙凝元不外人心
명성明誠 밝힌 한 권의 『중용』으로 문호를 열어, 明誠一部開門戶
공정에 따라 노력하며 촌음도 아껴야지. 努力工程惜寸陰[34]

주인이 자는 곳은 북쪽 칸이며, 낙재樂齋라고 이름했다. 『논어論語』 「학이學而」의 "벗이 먼 곳에서 찾아온다면 참으로 기쁘지 않겠는가![有朋自遠方來 不亦樂乎]"에서 취했는데, 이상정은 장차 원근의 벗들이 오기를 기다리려는 뜻이라고 의미를 설명했다.

늙었어도 학문은 아직 마음 어지러운데, 白頭爲學尙迷心
멀리서 찾아오는 벗들 너무도 고마워라. 多謝諸朋肯遠臨
옛사람의 진정한 즐거움 알고자 한다면, 欲識古人眞樂處
익히기를 익숙히 하여 기뻐함 깊어야지. 習時須熟悅時深[35]

34 李象靖, 『國譯 大山集』 제1책, 「九絶(七言) - 凝菴」, 한국고전번역원, 437쪽.
35 李象靖, 『國譯 大山集』 제1책, 「九絶(七言) - 樂齋」, 한국고전번역원, 437쪽.

낙재의 북쪽에 소나무 세 그루가 있었는데, 이상정은 그 우뚝 솟은 모양이 사랑스러웠다. 그 아래에 대臺를 만들어 세한대歲寒臺라고 이름했다. '세한'이라는 명칭도 『논어』의 "날씨가 추워진 뒤에야 소나무와 측백나무가 늦게 시든다는 것을 안다."라는 구절에서 취한 것이다.

모든 나무 쓸쓸하여 대지도 음산한데,	萬木蕭條大地陰
곧은 자태 눈서리의 침노를 용납 않네.	貞姿不受雪霜侵
세한대만 홀로 있어 공연히 서글프니,	寒臺獨立空怊悵
세모에 누구와 괴로운 마음 함께할까?	歲晏何人共苦心[36]

고산정사 앞쪽에 우뚝히 서서 병풍처럼 마주보고 있는 암벽은 만대암晚對巖이라고 이름붙였다. '만대'는 당나라 시인 두보杜甫가 지은 「백제성루白帝城樓」에서 '강이 지나는 한산의 누각이요, 성이 드높은 변경의 보루구나. 푸르른 암벽은 저물녘에 마주보기 좋고, 백제성 골은 깊이 노닐기에 알맞네[江度寒山閣 城高絕塞樓 翠屛宜晚對 白谷會深遊]'라는 시구에서 유래했다.

하지만 이상정이 송복원宋福源(1544~?)의 정자를 위해 지은 「만대정중수기晚對亭重修記」에서 '만대'의 의미에 대해, "두보가 이 시를 지을 적에도 단지 풍경을 읊는 자료로 삼았을 뿐, 도道에 대해서는 말하지 못했

36 李象靖, 『國譯 大山集』 제1책, 「九絶(七言) - 歲寒臺」, 한국고전번역원, 439쪽.

다. 그러나 회암晦庵 부자가 두보의 시를 인용하여 무이정사武夷精舍 정자의 이름을 삼고 퇴도退陶 선생이 이 시에서 취해 취병산翠屛山의 승취를 읊은 뜻으로 말하자면, 인자仁者와 지자智者가 동정動靜에 따라 산수를 즐긴 것에 뜻을 부친 것으로서 연비어약鳶飛魚躍과 천광운영天光雲影의 이치와 더불어 상하 사방을 돌아보는 사이에 함께 어울린다는 것이다."라고 그 의미를 풀이했다. 따라서 이상정의 만대암도 그와 같은 뜻을 지향한다고 이해할 수 있다. 주희는 무이정사의 정자를 '만대정晩對亭'이라고 이름했다. 서애 류성룡을 제향하는 병산서원屛山書院의 만대루晩對樓도 이런 맥락 속에서 그 이름의 의미를 생각해 볼 수 있는데, 병산서원 앞쪽의 병산屛山과 고산정사의 만대암이 서로 절묘하게 닮았다는 사실도 흥미로운 점이다.

가파른 절벽 한쪽 찬 허공에 기대고,	巉厓半面倚寒空
저물녘 그림자는 원기 속에 늘어지네.	夕影離離元氣中
뜬구름 피고 지는 일 상관하지 않고서,	不管浮雲舒卷事
창연한 그 빛은 예나 지금 그대로네.	蒼然一色古今同[37]

만대암 아래에 형성되어 있는 못은 광영담光影潭으로 이름했다. 이상정은 광영담에 대해 "취벽 아래에 이르러서는 물이 감돌아 못이 되었는

37 李象靖, 『國譯 大山集』 제1책, 「九絶(七言) - 晩對巖」, 한국고전번역원, 438쪽.

데, 넓고 깊으며 맑고 푸르러 작은 배를 띄울 만하다."라고 묘사했다. '광영'이라는 이름은 주희의 「관서유감觀書有感」에 '반 묘의 네모난 연못 거울처럼 열렸는데, 하늘 빛과 구름 그림자가 함께 배회하네. 묻노니 저 어찌 이렇듯이 맑은가? 원두에 활수가 있기 때문이라네[半畝方塘一鑑開 天光雲影共徘徊 問渠那得淸如許 爲有源頭活水來]'라는 시구에서 근거했다. 이황도 도산서당에 천광운영대天光雲影臺를 조성하여 이 시구의 의미를 취했다.

맑고 깊은 한 줄기 고요하고 티끌 없이,	澄泓一道靜無埃
맑은 물이 근원에서 끊임없이 흘러오네.	活水源頭滾滾來
삼라만상 모든 일의 참모습은 담박하니,	萬象森羅眞體澹
푸른 하늘 찬 달이 깊은 밤에 떠 있어라.	碧空寒月夜深開[38]

만대암의 동쪽에는 양쪽으로 절벽이 휑하니 있고 그 가운데 대가 하나 있는데, 그곳은 정락대靜樂臺라고 이름했다. '정락'은 주희의 「복거卜居」에 '고요하여 산수의 즐거움 있고, 네 신상의 근심은 없네[靜有山水樂, 而無身世憂]'라는 시구에 근거했다.

푸른 절벽 가운데 쪼개져 절로 대를 이루고,	蒼厓中劈自成臺
일천 봉우리 그늘지고 한 줄기 물이 감도네.	千嶂陰陰一水回

38 李象靖, 『國譯 大山集』 제1책, 「九絶(七言) - 光影潭」, 한국고전번역원, 438쪽.

곳곳마다 가득한 인仁과 지智의 즐거움이여!	隨處洋洋仁智樂
옛사람의 소식이 고요한 가운데 찾아오네.	古人消息靜中來[39]

정락대의 남쪽에 있는 대는 총계대叢桂臺라고 이름지었다. '총계'라는 명칭은 회남왕淮南王 유안劉安의 「초은사招隱士」에 "계수나무 숲 우거져 산이 그윽하니, 구불텅 뻗은 줄기 가지 서로 얽혔어라[桂樹叢生兮山之幽 偃蹇連蜷兮枝相繚]"라는 표현에서 취했다. 회남淮南 소산小山에는 계수나무 떨기가 무성하고 은거한 선비들이 많이 살았다고 한다.

그윽한 계수 떨기 소산은 그늘지고,	幽幽叢桂小山陰
싸늘한 가을바람 호랑이 우는 듯하네.	憀慄秋風虎豹吟
세모에 왕손은 어느 곳에 있는 것인가?	歲暮王孫何處在
반초가 부르고 구름 깊은 곳 누웠어라.	反招歌罷臥雲深[40]

셋째 구절의 왕손王孫은 진晉나라 왕강거王康琚를 가리키는데, 그가 지은 「반초은시反招隱詩」에 "작은 은자는 산림에 은거하고, 큰 은자는 시장에 은거하네. 백이는 수양산首陽山의 산림에 숨었고, 노자는 주하사柱下史의 관직에 숨었다네."라고 했다.

이외에도 이상정은 고산정사 주변의 풍경으로, 갈매기 노니는 물가,

39 李象靖, 『國譯 大山集』 제1책, 「九絶(七言) - 靜樂臺」, 한국고전번역원, 439쪽.
40 李象靖, 『國譯 大山集』 제1책, 「九絶(七言) - 叢桂臺」, 한국고전번역원, 438쪽.

송골매 깃드는 바위, 낚싯대 드리우는 바위, 찻물 끓이는 아궁이, 달빛 아래 작은 배, 안개 낀 버들, 남쪽 시내, 북쪽 방죽, 부서진 탑, 옛 우물, 돌 징검다리, 흙언덕, 삼나무 오솔길, 돌 잔도, 서관書館, 전가田家 등을 시로 노래했다. 이중에서 서관이라는 건물은 고산정사 가까이에 있었던 것으로, 권두경權斗景이 그의 족자族子 권달화權達和와 함께 지었다고 한다. 이상정은 이 건물에 대해 다음과 같이 시로 표현했다.

산뜻한 송계관,	蕭蕭松桂館
그 안에 책 읽는 사람 있어라.	中有讀書人
때때로 글을 물으러 찾아와 주니,	時時來問字
외롭지 않게 이웃 됨이 무척 고맙네.	多荷不孤鄰[41]

흙언덕은 고산정사의 옛터이다. 이상정은 그곳에 대한 아쉬움을 이렇게 표현했다.

작은 언덕 물에 닿아 그치어,	小阜臨水止
그 모습 너무도 맑게 트였네.	面勢極淸曠
정자 지으려다 많은 바람 두려워,	欲亭畏風多

41 李象靖, 『國譯 大山集』 제1책, 「十六絶(五言) - 書館」, 한국고전번역원, 444쪽. 번역서에는 첫 구절을 '고요한 솔과 계수 사이의 서관'으로 풀이했는데, 필자는 '송계관'을 고유명사로 해석했다.

한가히 걸으며 뜨는 달 바라보네. 閒步候月上[42]

이상정은 「부서진 탑[廢塔]」이라는 시에서 "옛 탑은 어느 시절 것이런가? 지금은 절반이나 무너졌네. 불사가 유궁으로 변했으니, 문풍이 이로부터 시작이네."라고 표현했다. 이것에 근거한다면 고산정사의 집터는 이전에 사찰이 있던 곳이라고 짐작해 볼 수 있다.

고산정사의 완공을 앞두고, 이상정이 가장 먼저 떠올린 사람은 동생 이광정이다. 고산에 정사를 건립하고 싶었던 이상정의 소망을 늘 한 마음으로 지지한 사람이 이광정이었기 때문이다. 당시 이광정은 양모養母의 상중에 있었으므로, 완공의 자리에 함께 할 수 없었다. 그렇지만 이상정은 훗날 아무 일 없을 때 서로 이 즐거움을 함께 할 것이라고 기대했으며, 자제 중에도 같이 하려는 사람이 있다면 막지 않을 것이라고 열어두었다.

이상정은 이렇게 아름다운 곳에 고산정사를 건립한 것은 하늘이 자신에게 누리게 한 복이 적지 않다고 여겼으며, 스스로 어떻게 수양해야 하늘의 뜻을 저버리지 않을까를 고민했다. 이상정은 고산정사에서 자신이 추구해야 할 지향을 이렇게 밝힌다. 우선 '고산'에 담긴 의미를 설명했다.

'고산'의 이름은 『시경詩經』 소아小雅 「거할車舝」의 '높은 산을 우러러

42 李象靖, 『國譯 大山集』 제1책, 「十六絶(五言) - 土墩」, 한국고전번역원, 443쪽.

보며, 큰길을 걸어간다[高山仰止 景行行止]'라는 시구에서 취했다. 공자孔子는 이 시에 대해, "시에서 인仁을 좋아함이 이와 같구나. 도를 향하여 가다가 중도에 쓰러지더라도, 몸이 늙음을 잊어 남은 연수가 부족한 줄을 모르고서 열심히 날로 부지런히 하여 죽은 뒤에야 그치는구나."라고 설명했다. 또한 공자는 『예기禮記』「표기表記」에서 "인의 그릇이 무겁고 그 길이 멀어 들려는 자가 감당하지 못하고 가려는 자가 도달하지 못한다."라고 말하기도 했다.

이런 공자의 말씀에 근거해, 이상정은 '고산'이라는 이름을 통해 종신토록 '인'을 추구하겠다는 뜻을 담았다. 그리고 인이 어떤 것인지 모른다면 그 좋음을 알 수 없고, 알지만 돌이켜 실천하지 않으면 자신의 몸에 소유할 수 없으며, 소유하였지만 부지런히 자신의 몸에 종신토록 행하지 않는다면 얻었더라도 반드시 잃어버릴 것이라고 생각했다. 또한 중도에 그만두는 것과 한계를 그어 나아가지 않는 것도 역시 불인不仁으로 귀결된다고 보았다.

이상정은 '인'을 추구하는 어려움에 관해 깊이 생각한 뒤, 자신이 가져야 할 마음가짐과 실천 방법을 밝혔다. 공자가 사람들을 잘 이끌어 주는 것에 대해 안회顔回가 "문장으로 나를 넓혀 주시고 예의로 나를 단속하게 하셨다."라고 찬탄한 말에서 실마리를 찾았다. 널리 지식을 넓히고 단속하여 실제를 부지런히 힘쓰며 순순히 따라서 그만두지 않는다면, 재주의 민첩성과 노력의 심도에 따라 빠르냐 더디냐의 차이는 있겠지만 결국에는 경지에 도달할 수 있을 것이라고 기약했다.

이런 방법으로 해나간다고 하더라도 조급한 마음을 가져서는 안된다고 스스로 경계했다. 빨리 이루고자 서두르면 얽매여 지속이 어렵고, 잠깐 했다가 그만두면 중단되어 성과가 없어 도달할 수 없기 때문이다. 그러므로 이상정은 점차로 젖어 들어 천천히 행하면서 빨라지지 않도록 해야 하며, 이치를 분명하게 계속 밝혀 두려운 마음으로 혹시 잃을까를 염려해야 한다고 생각했다. 이처럼 독실하게 지키고 유구하게 유지하면서 부지런히 자신의 힘을 다한다면 거의 인을 좋아하는 실제를 충족하고 아침저녁으로 이 산에 사는 것에 부끄러움이 없을 수 있을 것이라고 희망했다.

이상정은 고산정사 주인으로서 자신이 추구할 최종의 목표를 인의 체득이라고 설정했다. 이것은 매우 흥미로운 사실이다. 피상적으로 이해한다면, 『논어』의 '인자仁者는 산을 좋아한다'라는 구절과 관련된 것이라고 볼 수 있다. 하지만 이상정이 추구한 학문의 내용을 살펴본다면, 그 핵심을 '인'이라고 규정할 만한 근거들이 있다. 정재 류치명은 이상정 학맥의 중요한 계승자로, 『대산실기』 편찬을 주도한 학자이다. 그는 제자들과 강학할 때 주희의 「옥산강의玉山講義」와 「인설仁說」을 중시하여 교재로 삼았는데, 이상정 학문의 핵심 저술인 「일성구사덕설一性具四德說」과 관련이 깊기 때문이다. 이에 관해서는 '고산서당 강회를 통한 학문 계승'에서 자세하게 설명하기로 한다.

이상정은 고산정사 주인이 추구할 지향을 말한 뒤, 이곳에서 생활할 자신의 모습을 상상했다. 이따금 책 읽기가 피곤하거나 뜻이 풀어질 때면 옷을 챙겨 입고서 지팡이 짚고 산보를 나갈 것이다. 길을 따라 걷노라면 아지랑이와 구름이 펼쳐졌다 걷혔다 하고, 꽃과 새는 한창일 것이다.

바위는 고요히 바라보기 적당하고, 못은 가만히 곁에 서 있기 좋을 것이다. 높은 곳에 올라 홀로 읊조리고, 대에 기대어 멀리서 불어오는 바람을 맞으며, 물가의 바위 위에 앉아 물고기를 구경하고, 모래밭을 거닐며 갈매기를 가까이할 것이라고 그려보았다. 이처럼 세상 모든 모습이 자신의 눈앞에서 변화하며 즐거움도 그와 함께 무궁할 것이라고 꿈꾸었다.

이상정은 이렇게 한가로이 지내면서 보내는 삶이 쓸모없는 세월이라고 생각할 수 있겠지만, 사실은 이런 생활 가운데 '인의 체득'을 자연스럽게 이루어나갈 수 있다고 밝혔다. 그리고 공자가 인자仁者는 산을 좋아하고 지자智者는 물을 좋아한다고 말씀하신 것과 증점이 바람을 맞으며 노래를 읊조리겠다고 말한 흥취도 이러한 점과 연관되어 있다고 설명했다.

이상정은 「고산잡영병기」의 마지막 부분에서 "지금 이후로 병이나 일이 있지 않다면 반드시 여기에 있을 것이다. 고요한 곳에 있으면서 종적을 감추고서 마음을 가다듬고 학문을 연구하여 지난날의 허물을 조금이나마 보완한다면, 하늘이 나에게 이러한 것을 누리게 한 뜻이 우연이 아님을 저버리지 않는 것이니, 또 얼마나 다행이겠는가. 암대巖臺와 물굽이는 각기 이름이 있는데, 다시 그림과 시로 그 승경을 기록하여 즐거이 찾아오는 벗들과 함께 하려 한다."라고 글을 맺었다.

이상정은 주희의 무이구곡武夷九曲과 이황의 도산구곡陶山九曲을 계승하여 고산칠곡高山七曲을 설정했으며, 고산정사는 제4곡에 위치해 있다. 이상정은 칠곡에 대해 명확하게 명칭을 거론하지 않았는데, 유주柳洲 류풍柳灃(1702~1772)이 이상정의 고산칠곡시高山七曲詩에 차운한 시에 근거한다면 제1곡 늠연교凜然橋, 제2곡 세심대洗心臺, 제3곡 유연대悠然臺, 제4곡 고산정사, 제5곡 심춘대尋春臺, 제6곡 무금정無禁亭, 제7곡 천호무릉天壺武陵으로 추정할 수 있다.[43] 마지막으로 고산칠곡시를 소개하는 것으로 이 장을 갈무리한다.

칠곡시七曲詩

일곡一曲

골짜기가 개울을 끼고 돌아 지경 매우 그윽한데,	峽束溪回境絶幽
거친 물결 모난 돌이 걸핏하면 배와 부딪히네.	橫波廉石動磨舟
지나가기 매우 힘들다고 탄식하지 말라!	莫歎穿過辛勤甚
통과한 끝에는 마땅히 순류를 만나리.	通處終當遇順流

이곡二曲

교외 들판은 평활하고 물은 깊고 고요한데,	郊原平闊水泓渟
깎아지른 언덕과 낮은 산이 멀리 물가를 둘렀네.	斷隴殘山遠繞汀
쇄락한 흉중을 이로부터 얻을 것이니,	灑落襟懷從此得
끝없는 광풍제월에 또 외로운 정자 있네.	無邊光霽又孤亭

43 임노직, 「고산칠곡의 의미론적 양상 - 고산정사를 중심으로 -」, 『안동학연구』 제16집, 한국국학진흥원, 2017, 161~162쪽.

삼곡三曲

깎아지른 두 벼랑에 물 더욱 깊으니,	岸斷雙崖水更深
높은 대에서 아득히 평림을 굽어보네.	危臺迢遰俯平林
남산은 도연명 살던 시상柴桑과 다를지라도,	南山縱與柴桑異
멀리서 보는 유연한 마음은 동일하네.	遙睇悠然却一心

사곡四曲

산은 선명하고 물은 푸르른 아름다운 옛 마을에,	山明水綠古佳村
솔과 계수나무 그늘 속에 낮에도 문을 닫네.	松桂陰中晝掩門
홀로 옥 거문고를 안고 한가히 두드리니,	獨抱瑤琴閒自撫
위대한 음 들리지 않는 곳에 정히 말을 잊네.	大音希處定忘言

오곡五曲

푸르고 깨끗한 봄 물결이 출렁이는데,	綠淨春波去漾溶
홍교에 걸터앉으니 허공을 탄 듯하네.	虹橋跨上若凌空
내를 건네주는 배만 아름다운 것이 아니니,	濟川舟楫非專美
은 고종이 네 공로 빠뜨린 것을 한스러워할 만하네.	堪恨殷宗漏爾功

육곡六曲

굴곡진 황량한 산등성이 푸른 병풍 대하고,	屈曲荒岡對翠屛
폐허에서 부질없이 고인의 정자를 생각하네.	廢墟空憶古人亭
푸른 산과 파란 물을 누가 관리하랴?	青山綠水阿誰管

유독 삼경에 학 울음소리만 맑네. 獨有三更鶴唳清

칠곡七曲

푸른 산이 교외를 두르고 달빛은 내에 가득하니, 碧嶂圍郊月滿川

먼 마을은 그림 같고 나무는 이내와 같네. 遠村如畫樹如煙

십주와 삼도를 그대는 말하지 말라! 十洲三島君休說

절경으로 응당 이 동천 만한 것이 없으리. 絶景應無此洞天

고산서당의 조성과 운영 규정

1. 건물의 구성과 명칭

이 장에서는 고산서당이 조성되는 과정과 운영 규정에 관해 살펴보기로 한다. 한국국학진흥원에는 정재종택定齋宗宅에서 기증한 『고산지高山誌』 건乾·곤坤 2책이 소장되어 있는데, 고산정사로부터 시작하여 고산서원이 건립되는 과정에 대해 상세한 기록이 수록되어 있다. 이것은 『대산실기大山實紀』보다 더 자세한 내용을 담고 있어 자료적 가치가 크다.

이 책의 곤坤에 실려 있는 내용을 바탕으로 고산정사에서 고산서당으로 규모가 확장되어 가는 과정을 연대순으로 정리하면 아래와 같다.

1767년 2월 : 흙언덕[土墩]에 고산정사를 건립했다.

3칸 여덟 기둥을 흙언덕 위에 지었으며, 이종수와 김종경이 그 일을 주간했다.

1769년 10월 : 고산정사를 중앙 언덕으로 이건했다.

흙언덕이 강물과 가깝고 바람이 많았기 때문에 결국 중앙 언덕으로 이건했다. '고산정사'라고 편액을 달았다. 골짜기의 이름이 '고암高巖'과 '암산巖山' 두 가지로 일컬어지는 것을 합하여 이름지었으며, 『시경詩經』의 '높은 산을 우러른다[高山仰止]'라는 뜻에서 취했다.

1770년 5월 : 고산정사가 완성되었다.

선생께서는 오시면 응암凝庵에서 지내셨고, 배우는 이들은 낙재樂齋에서 묵었다. 선생의 댁과 거리가 조금 떨어져 있어 항상 머무를 수 없었으므로,

직사職事를 해이하게 하거나 그만둘 수밖에 없는 점을 늘 안타까워 하셨다.

위의 조목을 통해 이상정이 고산정사의 응암에서 기거했다는 사실을 알 수 있다. 응암이라는 이름은 이상정이 1747년(영조 23)에 지은 「응암명凝庵銘」에서도 확인된다. 그는 고산정사를 짓기 20년 전부터 자신이 기거하는 곳에 '응암'이라는 편액을 걸었으니, 그가 일생토록 추구한 삶의 지향이 이 이름의 의미에 근본하고 있음을 이해할 수 있다.

응암 현판(한국국학진흥원 소장 - 한산이씨 대산종가 기탁자료)

「응암명」의 내용은 다음과 같다.

성인의 도는,	聖人有道
크고도 충만하구나!	厥大洋洋
높게는 하늘에 이르고,	峻極于天
작게는 털끝에 든다네	細入毫芒
도는 헛되이 행해지지 않고,	惟不虛行
때로 더러 중단되기도 하네.	有時或息
반드시 맞는 사람을 기다리니,	必待其人

지극한 덕이 있는 자여야 하네. 曰惟至德

내가 지닌 이 덕성을, 我有德性
받들고 지켜 나가며, 乃奉乃持
내 학문에 종사하여, 我事問學
강구하고 다스려 가리. 是講是治

수렴하여 요약된 데로 나가, 收斂造約
흠뻑 잠겨 확충하고 수양하며, 渾涵充養
끝까지 깊게 기미를 연구하여, 研幾極深
자세하고 곡진하게 다해야지. 纖悉曲當

폐단을 제거하고 얽매인 것 없애, 蔽去累盡
부정과 사사로움 범하지 말아야지. 罔干邪私
이치를 정밀히 하고 예를 삼가서, 理精禮謹
털끝만한 오류도 없게 해야지. 不謬毫絲

하나의 도체가 깊고 넓어서, 一體淵宏
온갖 이치 빠짐없이 갖추었네. 萬理森備
정으로 주를 삼고 근본 삼으며, 靜爲主本
경은 처음부터 끝까지 지켜야지. 敬該終始

조심하고 두려워하여 공경하기를, 戰兢祇栗
신이 보고 상제가 임한 듯 해야지. 神覯帝臨
위엄 있고 삼가고 공손히 하여서, 嚴威恪恭
토우처럼 진중하고 진열을 삼가듯. 塑儼陣欽

옥을 잡듯 가득 찬 그릇 받들듯, 執玉奉盈
낭패하고 급할 때에도 공경하여, 顚沛造次
차츰 조금씩 실천해 밟아 나가서, 浸漸經歷
힘쓰기를 오래하면 효과가 이루어지리. 力久功至

마음이 물처럼 고요하면, 方寸水靜
도의 전체가 드러나게 되네. 全體露呈
모든 일에 여유롭게 대처하매, 庶務刃恢
오묘한 작용이 두루 행하리. 妙用流行

그 거처를 조용하게 하고, 有幽其居
편액을 달아 경계를 맡기니, 有扁司戒
어찌 스스로 힘쓰지 않으리? 曷不自勉
한결같이 이리하여 해이하지 말라. 一此靡懈[44]

44 李象靖, 『國譯 大山集』 제8책, 「凝庵銘(丁卯)」, 한국고전번역원, 278~280쪽.

1789년 9월 : 고산정사의 뒤에 강당을 건립했다. [이상정 별세 후 8년]

이때 문집의 편성이 대략 이루어졌으므로, 제향을 청원하자는 여론이 다시 계속되었다. 그리하여 먼저 강당·재실·누각 등을 건립하여 배치가 대략 이루어진 뒤에 상소의 청원을 천천히 생각해보아도 늦지 않다는 의견으로 결정했다. 마침내 영건도감營建都監 권사호權思浩와 김굉金埅을 천거하여 선출해서 주관하게 했다. 강당의 터는 고산정사 뒤쪽 수십 보 떨어진 술좌戌坐의 위치로 정했다. 푸른 절벽과 마주보고 맑은 연못을 굽어보며 형세가 탁 트인 곳이었다. 도감 두 사람이 처음부터 끝까지 그 일을 주간했으며, 원근의 사림이 번갈아 가며 공역을 살폈다.

1790년 여름 : 강당이 완성되었다. [이상정 별세 후 9년]

모두 10칸으로, 좌우의 각 2칸은 방이며, 중앙의 6칸은 강당이다. 다시 주사廚舍 10여 칸을 지어 차례대로 건립할 계획을 세웠다.

1827년 5월 : 강당을 이건했다. [이상정 별세 후 46년]

4월 초7일에 처음 터를 정비했다. 헌관獻官은 도감都監 이태순李泰淳이며, 전 주부主簿 이야순李野淳이 축문을 지었다. 이씨 두 어른은 칠순의 대로大老인데다 댁도 가깝지 않았는데, 일이 있으면 금방 모였다. 존모하고 보위하려는 정성이 대단하여 존경스러웠다.

5월 초하루 오시午時(낮 11~1시)에 기둥을 세우고 들보를 올렸다. 처음에는 교관教官 김시찬金是瓚에게 상량문을 요청했는데, 변려문으로 짓는 것은 공경하고 근신하는 뜻에 부족함이 있다는 이유로 단지 몇 구절의 축문으로 일을 진행했다. 성조유사成造有司 전 현감 이병운李秉運이 처음부터 끝까지 그 일을 주간했다.

7월에 공역이 끝났다. 이전과 마찬가지로 10칸이며, 좌측의 2칸은 방으로 삼고, 나머지 8칸은 모두 강당으로 만들었다. 전면과 우측은 벽도 세우지 않고 판도 세우지 않았으니, 통하여 밝고 트여서 넓은 점을 취했다.

1828년 2월 : 동재東齋를 건립했다. [이상정 별세 후 47년]

3월 초9일에 터를 닦았고 4월 초2일에 기둥을 세웠으며 초7일에 들보를 올려 29일에 공역을 마쳤다. 강당의 앞쪽 좌측에 6칸의 건물을 지었다. 서쪽은 반칸이며 위는 장실藏室이며 그 아래쪽을 비워 부엌으로 만들었다. 그 다음은 2칸의 재실이며, 그 다음은 1칸의 강당이며, 또 그 다음은 2칸의 방이다. 제일 동쪽에 작은 누각을 지었는데, 앞쪽으로 맑은 연못에 임해 있다. 또 남쪽에 반칸을 지어 주포柱包를 뒤로 물렸다. 6칸의 당堂을 지어 작은 누각과 통하게 만들었으니, 동서로 대치하여 설치할 필요가 없었기 때문이다.

1828년 7월 : 문루門樓를 세웠다.

1828년 11월 : 낙성 축하연을 열었다.

이상정의 손자이사 김종덕에게 수학한 소암所菴 이병원李秉遠(1774-1840)은 「고산서당명당실기高山書堂名堂室記」를 지었는데, 1827년 고산서당의 이건과 건물 배치에 관해 다음과 같이 설명했다.

> 강당의 옛터는 고산정사 뒷편 10여 보 즈음에 있었다. 정해년(1827)에 조금 북쪽 7~8보 즈음으로 이건했는데, 10칸 다섯기둥으로 지었다. 유좌묘향酉坐卯向(서쪽을 등지고 동쪽을 향함)이며, 방은 북쪽에, 강당은 남쪽에 배치했다. 무자년(1828)에 강당의 앞에 재실을 경영하여 건립하니, 조금 북쪽으로 남향이다. 6칸으로 지었는데, 윗편 2칸은 방, 1칸은 당堂, 아랫편 2칸은 방이며, 1칸은 헌軒인데 앞쪽에 반칸으로 헌실軒室을 감싸며 두르게 했다. 동남쪽에 14칸을 세워 누각을 지었으니, 강당과 서로 마주본다.[45]

향후에 추진해야 할 공역에 관해서는 다음과 같이 계획했다.

> 훗날 공사 인력이 조금 좋아지기를 기다려 강당의 남쪽 및 정사의 뒤쪽에 판각板閣을 세워 재실과 마주보게 해야 한다. 포주庖厨는 재실의 북쪽에 있어야 하며, 묘우廟宇는 강당의 서쪽에 있어야 한다. 담장을 두르고 누각 아래 길에 해당하는 곳에는 하나의 문을 세워 통제해야 한다.[46]

고산서당의 건물 명칭은 이상정의 「고산잡영병기」에서 취한 것으

45 李秉遠, 『所菴集』 卷15, 「高山書堂名堂室記」. "講堂舊在精舍後十餘步 丁亥移建于稍北七八步 爲十架五楹 坐酉向卯 北室而南堂 戊子營立齋室于講堂之前 稍北南向 爲六架 上二架爲室 一架爲堂 下二架爲室 一架爲軒 前以半架 包軒室而繞之 立十四架於東南 爲樓 與講堂相直."

46 李秉遠, 『所菴集』 卷15, 「高山書堂名堂室記」. "俟異日力役稍優 當立板閣於講堂之南精舍之後 以對齋室 庖厨當在齋室之北 廟宇又當在講堂之西 繞以垣而樓下當路處 立一門以統之."

로, 아래와 같이 명명했다고 밝혀놓았다.

> 지금 강당의 방이름은 '호인好仁', 재실에서 위쪽 재실은 '앙지仰止', 아래 재실은 '면언俛焉', 아래 재실의 헌軒은 '청림淸臨', 누각은 '정회靜晦', 묘당廟當은 '경행景行', 묘당의 문당門當은 '향도嚮道' 등이다. 판각板閣의 위쪽으로 연결하여 몇 칸을 세워 장서각藏書閣으로 삼았는데, 그 남쪽을 뽑아내어 소당小堂을 만들어 '지지당止止堂'이라고 이름했다. 이 모든 명칭은 「고산기高山記」의 말에서 취한 것들이다.[47]

이상정은 「고산잡영병기」에 『예기禮記』 「표기表記」에서 공자孔子가 "시에서 인을 좋아함이 이와 같구나! 도를 향하여 가다가 중도에 쓰러지더라도, 몸이 늙음을 잊어 남은 연수가 부족한 줄을 모르고서 열심히 날로 부지런히 하여 죽은 뒤에야 그치는구나[子曰 詩之好仁如此 嚮道而行 中道而廢 忘身之老也 不知年數之不足也 俛焉日有孳孳 斃而後已]"라고 말한 것을 인용했는데, 호인당好仁堂·향도문嚮道門·면언재俛焉齋는 여기에서 취했다.

또한 이상정은 '고산'으로 명명한 근거를 밝히기 위해 「고산잡영병기」에서 『시경詩經』 소아小雅 「거할車舝」의 '높은 산을 우러러보며, 큰길을 걸어간다[高山仰止 景行行止]'라는 시구를 제시했는데, 앙지재仰止齋·

47 李秉遠, 『所菴集』 卷15, 「高山書堂名堂室記」. "今名其講堂之室曰好仁齋 上齋室曰仰止 下齋室曰俛焉 下齋之軒曰淸臨 樓曰靜晦 廟當曰景行 祠門當曰嚮道 板閣之上連立數椽 爲藏書閣 抽其南爲小堂曰止止堂 皆取記中語也."

호인당 현판(한국국학진흥원 제공)

향도문 현판(한국국학진흥원 제공)

면언재 현판(한국국학진흥원 제공)

앙지재 현판(한국국학진흥원 제공)

경행사 현판(한국국학진흥원 제공)

지지당 현판(한국국학진흥원 제공)

청림헌 현판(한국국학진흥원 제공)

경행사景行祠·지지당止止堂의 명칭이 유래한 출처이다.

청림헌淸臨軒은 '못은 가만히 곁에 서 있기 적당하다[潭宜於淸臨]', 정회루靜晦樓는 '고요한 곳에 있으면서 종적을 감춘다[處靜養晦]'라는 뜻으로, 「고산잡영병기」의 내용에 보인다.

2. 고산서당의 운영 규정

이상정의 후학들이 정한 고산서당의 운영 규정을 살펴보기에 앞서 이상정 스스로는 학생들을 규율하기 위해 어떠한 학규를 마련했는지가 궁금하다. 『대산집』 권42의 잡저雜著에는 「재거학규齋居學規」가 수록되어 있는데, 이상정이 27세 되는 해인 1737년에 암재巖齋에서 학생들을 가르칠 때 정한 학규이다. 그 내용은 아래와 같다.

① 새벽에 일어나 씻고 머리 빗는다.

매일 동틀 무렵 일어나 씻고 머리 빗고 의관을 정제하여 단정하고 엄숙하기를 힘쓴다. 어른에게 찾아가 문안한 뒤에 물러나 자신의 방에 들어가 각자 자신의 일을 한다. 밤이 깊어 잘 때에도 어른에게 문안한다. 베개와 이부자리를 모두 바르게 하고 어지럽히거나 뒤집지 않는다.

② 청소하고 정돈한다.

날마다 새벽에 일어나 돌아가며 방, 대청, 마당을 청소한다. 궤안, 붓, 벼루,

서책 등을 놓기를 모두 가지런하고 깨끗하게 하여 어지러이 뒤섞이지 않도록 하고 더럽히거나 훼손해서도 안 된다.

③ 출입과 걸음걸이를 삼간다.

아무 일 없이 출입하지 말고, 5일에 한 번 부모님께 문안할 때에는 반드시 어른에게 출입을 고한다. 걸을 때에는 반드시 가만가만 걸으며 급하게 하지 말고, 어른을 만나면 반드시 몸을 단속하여 단정히 한다.

④ 말과 행동을 조심한다.

자제의 직분으로는 말과 행동을 더욱 삼가고 조심해야 한다. 거동은 반드시 단정해야 한다. 먹고 마실 때에는 반드시 삼가고 절제한다. 말할 때에는 반드시 진실되고 미덥게 한다. 기뻐하고 성낼 때에는 반드시 합당하게 하여, 제멋대로 행동하거나 소란스럽게 떠들어서는 안 된다.

⑤ 상대를 신중히 대한다.

여러 사람이 함께 머무는 곳에서는 반드시 예의를 갖추되 오래될수록 더욱 공경하고 신뢰하여, 팔을 붙잡거나 다리를 베고 누워서도 안 되고 장난치거나 우스갯소리를 해서도 안 된다.

⑥ 독서를 부지런히 한다.

반드시 날마다 배운 공부를 가지고 단정히 앉아 소리 내서 읽되, 마음과 정신을 집중하여 정밀하고 익숙해지도록 해야지 게으름을 피워서는 안 된다.

혹시라도 우스갯소리를 하며 전혀 집중하지 않는 것은 마음 씀이 바르지 못한 것이니 가장 경계해야 한다.

⑦ 싸움을 하지 않는다.

반드시 겸손한 마음으로 자신을 다스리고 온화함과 공경함으로 상대를 대하여 싸우거나 말다툼해서는 안 된다. 조금이라도 사납게 성질부리며 먼저 침해한 사람은 용서하지 않을 것이고, 함께 다툰 사람도 마땅히 벌을 받을 것이다.

⑧ 회초리를 사용한다.

이것은 옛날부터 학교에서 사용하던 방식으로, 만약 시킨 것을 따르지 않는 사람이 있거든 마땅히 이 물건을 사용해야 하니, 경계하고 타이르기에 가장 알맞다.

「재거학규」는 암재라는 서재에서 학생들을 교육하기 위해 마련된 것이므로, 향사 · 강회 · 임원 등 운영 규정을 종합적으로 제시하는 서원의 학규와 다를 수밖에 없다. 그야말로 서재에서 공부하는 학생들이 지켜야 할 필수 규칙의 성격을 지니는 것이다. ①, ②, ③은 일상에서의 생활 습관에 관해 말했다. ④, ⑤, ⑦은 함께 공부하는 사람들 간에 지켜야 할 태도이다. ⑥은 서재에서 생활하는 가장 중요한 목적이 공부에 있음을 상기시켜 독서에 힘쓰도록 권면했다. ⑧은 징계의 방법으로 회초리 사용을 제시했다. 옛날부터 학교에서 회초리를 사용했다는 근거로, 『예기』

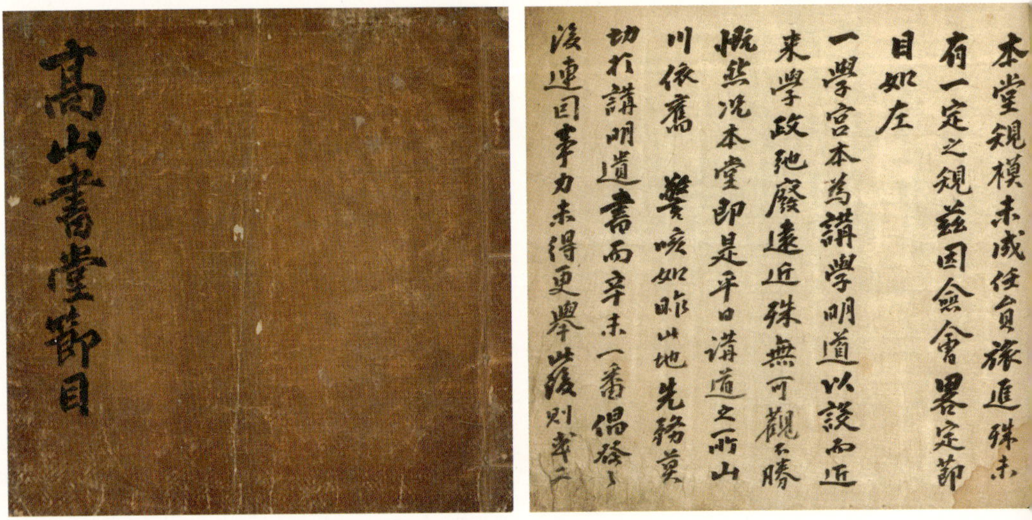

고산서당 절목(한국국학진흥원 소장 - 한산이씨 대산종가 기탁자료)

「학기學記」의 ‘개오동나무 회초리와 가시나무 회초리는 학생들이 자신을 가다듬어 위엄스러운 행동을 하도록 하려는 것이다[夏楚二物 收其威也]’[48] 라는 기록에서 확인할 수 있다.

이처럼 이상정의 「재거학규」에서는 한 명의 선생과 소규모의 학생들이 함께 서재에 기거하며 공부할 때 어떠한 규정을 마련했는지를 구체적으로 보여준다는 점에서 의미가 있다. 이어서 고산서당의 운영 규정을 살펴보기로 하자. 1824년 4월 24일에 고산서당의 도유사를 맡고 있던 김굉은 『고산서당절목高山書堂節目』을 마련했다. 고산서당의 규모가 아직 완성되지 않았는데 일정한 규례도 없이 임원들이 무리지어 나아오

48 『禮記』「學記」. “夏楚二物 收其威也.”

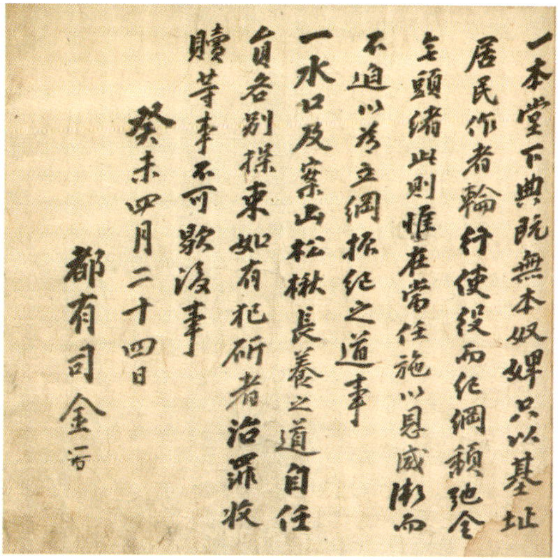

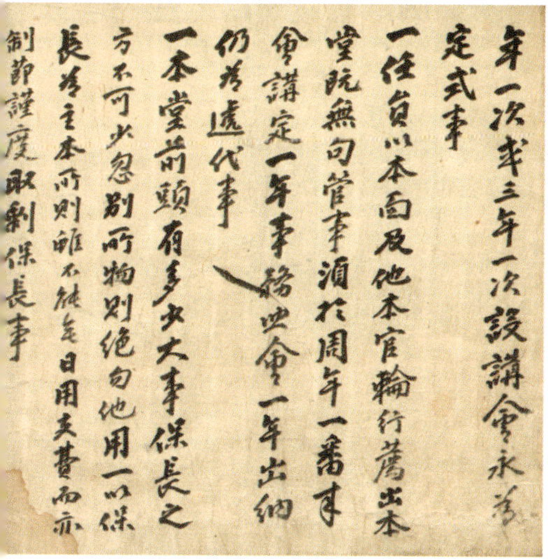

一本堂下典旣無本奴婢只以基址
居民作者輪行使役而紀綱頹弛全
無頭緖此則惟在常任施以恩威而
不過以爲立綱振紀之道事
一水口及案山松楸長養之道自任
員各別操束如有犯斫者治罪收
贖等事不可歇後事
癸未四月二十四日
都有司 金

年一次或三年一次設講會永爲
定式事
一任員以本面及他本官輪行薦出本
堂旣無句管事須於周年一番來
會講定一年事務由會一年出納
仍爲遠代事
一本堂前頭有多少大事保長之
方不可少忽別所物則絶勿他用一以保
長爲主本所則雖不能無日用支費而亦
制節謹度取剩保長事

는 문제점이 있었기 때문이다. 그리하여 함께 모인 자리에서 아래와 같이 운영 규정을 정했다.

① 학궁은 본래 학문을 강론하고 도를 밝히기 위해 설립되었다. 그런데 근래 학궁의 행정이 해이하여 원근에 너무 볼 만한 것이 없으니, 개탄을 금하지 못하겠다. 게다가 본당은 선생께서 평소 도를 강론하시던 장소이고 산천은 예전 그대로여서 어제인 듯 생전의 모습이 생생하다. 이곳의 급선무는 남기신 저술을 강론하여 밝히는 것보다 절실한 일이 없다. 그런데 신미년(1811)에 한번 발의한 뒤로는 계속해서 상황과 재력으로 인해 다시 거행할 수 없었다. 이후로는 2년에 한 차례나 3년에 한 차례 강회를 개설하는 것으로 영구히 정식으로 삼는다.

② 임원은 우리 면面 및 다른 면의 본관本官을 돌아가면서 선출한다. 본당은

관할할 일이 없으니, 1년마다 한번 모여 한 해의 사무를 논정하고 한 해의 출납을 조회하며, 인하여 교대한다.

③ 본당은 앞으로 다소의 큰일이 있을 것이니, 오래도록 보존할 방법을 소홀히 해서는 안된다. 별소의 물품은 절대 다른 용도로 사용해서는 안되니, 한결같이 오래도록 보존하는 것을 위주로 한다. 본소는 일상적인 비용이 없을 수 없으나, 역시 절제하고 삼가며 여분을 취해 오래도록 보존해야 한다.

④ 본당의 하인은 본래 노비가 없었고 터에 거주하는 경작민이 번갈아 사역을 하니, 기강이 해이하여 전혀 두서가 없다. 이것은 당임이 은혜와 위엄을 베풀어 급박하지 않게 점차적으로 훈도하여 기강을 진작하는 방도로 삼는 데에 달려 있다.

⑤ 수구水口 및 안산案山의 소나무와 가래나무를 오래도록 키울 방도는 임원들이 각별히 단속하는 것에 달려 있다. 만일 함부로 벌목하는 자가 있다면 죄를 다스리고 속전을 바치는 등의 일을 대수롭지 않게 여겨서는 안된다.

『고산서당절목』은 가장 먼저 고산서당의 존립 이유를 ①에서 명시했다. 학궁은 학문을 강론하고 도를 밝히기 위해 설립되며, 고산서당은 스승께서 평소 도를 강론하시던 장소이므로, 스승의 저술을 강론하여 밝히는 것보다 절실한 일이 없다고 그 목적을 분명하게 제시했다. 그리고 이 목적을 실천하기 위해 2년에 한 차례나 3년에 한 차례 강회를 개설하는 것으로 영구한 정식으로 삼는다고 정했다. ②에서는 임원의 선출과 직무 및 교대에 관해 규정했다. ③에서는 물품을 목적에 맞게 사용하고 재정을 절제하여 오래도록 보존할 것을 경계했다. ④에서는 당임이 고산서당의 사역을 담당하는 경작민을 잘 훈도하도록 당부했다. ⑤에서는 고산서당 주변의 수구水口와 안산案山(앞쪽에 마주보는 산)에 있는 소나무와 가래나무를 수호하여 고산서당의 본래 풍경을 지켜나갈 것을 권면했다.

『고산서당절목』은 고산서당이 지향하는 목적과 실천 방법, 임원 선출과 재정 사용 등을 큰 틀에서 규정하고 있으며, 세부적인 운영 규정에 관해서는 구체적으로 제시하지 않았다. 『고산서당절목』의 이런 특징은 고산서당이 규모를 갖추어 가는 과정에서 마련한 규정으로, 과도기적 성격을 가지기 때문이라고 이해된다. 1824년에 이 규정이 마련된 뒤, 4년이 지나 강당을 이건하고 이듬해에 동재와 문루를 건립하는 등 고산서당의 규모가 갖추어져 간 사실에서도 이 점을 확인할 수 있다.

고산서원의 건립 과정과 운영 규정

1. 고산서원 건립의 추진 과정

이 장에서는 이상정의 후학들이 스승을 제향하기 위해 한편으론 조정에 고산서원 건립을 청원하고 또 한편으론 서원의 규모를 갖추어 가는 과정에 관해 시간적 순서에 따라 관련 사실들을 정리해보고자 한다. 이것의 근거도 정재종택에서 기증한 『고산지』 곤坤의 내용에 의거했다.

- 1783년 12월 : 사림이 선생을 본소에 제향하자는 의론을 발의했다. [이상정 별세 후 2년]
- 1794년 10월 : 사림이 고산서원의 건립을 청원하기 위해 상소를 작성해서 한양으로 올라갔으며, 얼마 후 철회하고 돌아왔다. [이상정 별세 후 13년]
- 1811년 8월 : 고산서당에서 강회를 개최했다. [이상정 별세 후 30년]
- 1812년 10월 : 선성향교宣城鄕校에서 도회를 개최하여 호계서원虎溪書院에 선생을 추향하자는 의론을 발의했다. 소수疏首는 이종순李鍾淳이다. [이상정 별세 후 31년]
- 1814년 9월 : 선생이 편찬한 『퇴도서절요退陶書節要』의 간행을 중지했다. [이상정 별세 후 33년]
- 1816년 9월 : 사림이 호계서원에 추향하자는 의론을 발의했다. 11월 청성서원靑城書院에서 도회를 개최했다. [이상정 별세 후 35년]
- 1817년 정월 : 영천榮川(현 영주) 이산서원伊山書院에서 도회를 개최했다. 7월 타양서원陀陽書院에서 도회를 개최했다. 8월에 사림이 고산서원 건립의 청원을 위해 성균관에 소청疏廳을 설치했으며, 얼마 후 그치고 내려

왔다. [이상정 별세 후 36년]

- 1825년 9월 : 노림서원魯林書院에서 도회를 개최하여 다시 본소에 제향을 청원하자는 의론을 결정했다. [이상정 별세 후 44년]
- 1826년 3월 : 의성義城 장대서원藏待書院에서 도회를 개최하여 서원 건립과 제향 청원의 두 가지를 모두 거행하기로 의논하여 결정했다. [이상정 별세 후 45년]
- 1831년 11월 : 고산서당에서 강회를 개최했다. [이상정 별세 후 50년]
- 1842년 3월 : 향회를 개최하여 사당을 건립하는 논의를 중지시켰다. [이상정 별세 후 61년]
- 1844년 7월 : 강당 우측에 장판각을 건립했다. [이상정 별세 후 63년] 재실과 마주보는 방향에 6칸의 집을 지어 선생의 문집 및 저술의 간행 판본을 보관하며, 문하생들의 판본도 함께 이곳에 보관하기로 했다.
- 1846년 9월 : 선생의 실기를 교정했으며, 다시 제향을 청원하자는 의론이 일어났다.

  향음주례鄕飮酒禮를 거행하고, 주자朱子의 「옥산강의玉山講義」를 강론했다.[49] [이상정 별세 후 65년]
- 1853년 3월 : 의성향교에서 도회를 개최하여 서원 건립을 청원하자는 의론을 발의했다. [이상정 별세 후 72년]
- 1860년 윤3월 : 청성서원靑城書院에서 도회를 개최하여 사당을 건립하자

49 이 조목은 『대산실기』의 내용에서 인용했다.

는 의론을 발의했다. [이상정 별세 후 79년]

- 1861년 10월 : 의흥향교에서 도회를 개최하여 사당 건립의 의론을 확정했다. [이상정 별세 후 80년]
- 1862년 3월 : 사당이 완공되었다. [이상정 별세 후 81년]

도도감都都監은 판서 이효순李孝淳, 참판 이원조李源祚, 참봉參奉 최효술崔孝述 등이다. 13일 오시午時에 기둥을 세웠으며, 15일 미시未時(오후 1~3시)에 들보를 올렸다. 6월에 공역을 마쳤다.

- 1867년 3월 : 다시 장판각을 세웠다. [이상정 별세 후 86년]

초8일 오시午時에 기둥을 세웠으며, 초10일 진시辰時(오전 7~9시)에 들보를 올렸다.

고산서원 건립 과정에 관한 『고산지』 곤坤의 기록은 1867년에서 끝이 난다. 『대산실기』를 통해 그 이후의 내용을 보완하면 아래와 같다.

- 1917년 : 경행사景行祠를 건립하여 9월에 위판位版을 봉안했다. [이상정 별세 후 136년]
- 1918년 : 향음주례를 거행하고, 선생의 「구조소九條疏」와 「솔성지위도설率性之謂道說」을 강론했다. [이상정 별세 후 137년]
- 1985년 : 소산 이광정을 배향했다.

이상정 위판 (한국국학진흥원 제공)

이광정 위판 (한국국학진흥원 제공)

[이상정 별세 후 204년]

2. 고산서원의 운영 규정

『고산지』 건乾에는 고산서원 운영 규정이 기록되어 있는데, 이 내용 역시 다른 곳에선 보이지 않는 것이다. 운영 규정을 통해 고산서원 운영의 지향성과 구체적인 세부 조목을 이해해 보기로 한다. 운영 규정은 총 16조목으로, 서원의 제반 사항에 관해 매우 구체적이고 상세한 내용을 담고 있다. 한 조목씩 차례대로 살펴보기로 한다.

① 서원의 설립은 본래 사림이 선현을 사모하는 마음에서 나온 것이니, 반드시 모두 관련하여 조정에 아뢰어야 하는 것은 아니다. 그런데 나라에서 서원 건립을 금지한 뒤에 사사로이 제향하는 일은 스승을 존숭하는 방도가 몹시 아니다. 그러므로 이 논의를 발의한 지가 오래되었지만 지금까지 신중했던 까닭은 이런 이유였다. 이것은 급문 선배들이 불변의 법칙으로 정한 의리이니, 일이 지연된다는 이유로 법도를 어길 계획을 해서는 안된다. 근래 사림의 의론이 사모함을 부치는 일에 급하여 먼저 서원을 설립하고 나중에 조정에 아뢰자는 논의가 있다. 그러나 결국에는 적당히 처리하는 혐의가 있고 선배들의 본의도 아니다. 우선 조정에 상소하여 아뢰는 절차를 거쳐야 하니, 그런 뒤에 제기하여 의논하는 것이 바람직하다.

이상정이 별세한 뒤 2년이 지난 1783년부터 고산정사에 제향하자는 의론이 일어났으며, 1794년부터 고산서원의 건립을 허가받기 위해 국가에 청원하는 일이 시작되었다. 하지만 영조는 1741년에 173개소의 서원(사우祠宇까지 포함)을 훼철하는 강경책을 시행했는데, 당시 전국적으로 서원·사우의 수가 1,000개소에 달하여 그에 따른 군역 관련 문제, 관청 경비 부담 증가, 제향인물 시비를 둘러싼 향촌 내에서의 끊임없는 분쟁 등의 폐단이 있었기 때문이다. 또한 영조는 탕평책을 추진하기 위해선 정쟁을 유발하는 요인으로 작용하는 서원의 훼철을 반드시 단행해야 할 이유가 있었던 것이다. 이후 서원의 증설은 크게 감소했으며, 서원에 대한 통제책은 정조와 철종 때에도 몇 차례씩 취해지고 적지 않은 서원들이 금지령에 저촉되어 철폐되었다.[50]

영조 이후로부터 조선이 망하기까지 국가가 서원에 대한 통제책을 이처럼 강경하게 시행하고 있었으므로, 고산서원 건립의 허가는 끝내 조선시대에는 이루어질 수 없었다. 그리하여 이상정의 위패를 경행사에 모시게 된 것은 조선이 망하고 7년이 지난 1917년이었다. 이런 장기간의 어려움 속에서도 이상정의 후학들은 나라에서 서원 건립을 금지한 뒤에 사사로이 제향하는 일은 스승을 존숭하는 방도가 아니라고 생각했으며, 이상정의 급문 제자들이 불변의 법칙으로 정한 의리로서 굳게 지켜 나갔다. ①의 운영 규정은 국가의 법도와 스승의 제향 사이에서 고산

50 정만조, 「한국 서원의 역사」, 『한국학논총』 제29집, 국민대학교 한국학연구소, 2007, 19쪽.

서원은 어떤 입장을 취했는가를 분명하게 보여주는 기록이며, 이상정이 추구한 공公의 사상이 그의 후학들에게 면면히 계승되고 있음을 확인할 수 있는 사례이다.

② 건물은 강당·재실·문루 등이 이미 건립되었다. 강당의 실室은 '호인好仁'이며, 당堂은 '정회靜晦'이다. 재실의 서쪽은 '앙지仰止'이며, 동쪽은 '면언俛焉'이다. 헌軒은 '청림淸臨'이다. 누樓는 '준극峻極'이다. 누각 7칸의 매 칸마다 각기 하나의 판을 걸었는데, 칠곡의 그림과 시를 새겼다. 안에는 고산기高山記를 새겨 걸었다. 정자 뒤 조금 남쪽에 판각板閣 12칸을 세워 재실과 마주보게 했다. 판각의 위에 가로로 3칸을 세워 장서각藏書閣으로 삼았다. 또 그 위 옛 강당터에 강학소 10칸을 건립했는데, 통째로 하나의 방을 만들었다. (겨울의 강회는 큰 방이 아니면 무리를 수용할 수 없다) 재실의 북쪽에 주방 수십여 칸을 건립했다. 그 규모를 넓히고 방과 당을 늘린 까닭은 큰 행사 때 수용할 방도로 계획했기 때문이다. 그 위는 지금의 주방으로 노비청奴班廳이다. 또 그 위에 집을 사기도 하고 5~6칸의 집을 짓기도 하여 모임 때 노인들이 휴양할 장소로 만들었다. 누각 앞 조금 북쪽의 깎아지른 언덕 위에 2~3칸의 건물을 지어 '세한歲寒'으로 편액했다. (이곳은 세한대의 옛터이다) 누각 남쪽 정자 북쪽에 향도문嚮道門을 세웠다. 앞쪽 절벽에 '만대암晩對巖' 세 글자를 새겼다. 돈대의 이름이 있는 곳마다 다듬은 돌로 축대를 쌓고 이름을 새겨 표시했다. 당시 선생께서 거니시던 곳을 후세 사람들이 경내에 들어와 분명히 알게 하여 사모하는 정성을 극진히 하게끔 하려는 것이다.

『고산지』 곤坤에 수록된 고산서원의 건립에 관한 기록은 1867년에서 끝이 난다. 그러므로 『고산지』 건乾에 기록되어 있는 고산서원 운영 규정도 그 무렵까지 정리된 내용을 반영하고 있다고 이해된다. 이런 의미에서 볼 때, ②는 그 당시 고산서원의 건축 규모와 건물 명칭에 관해 상세한 정보를 알 수 있는 소중한 자료이다. 이 내용을 정리해보면 다음과 같다.

- 강당講堂 : 호인실好仁室과 정회당靜晦堂
- 재실齋室 : 앙지재仰止齋(서쪽)와 면언재俛焉齋(동쪽)
- 헌軒 : 청림헌淸臨軒
- 누樓 : 준극루峻極樓 7칸. 고산칠곡의 그림과 시를 새겨 매 칸마다 현판으로 걸었으며, 안쪽에는 고산기高山記 현판을 걸었다.
- 각閣 : 판각板閣 12칸. 장서각藏書閣 3칸.
- 소所 : 강학소講學所 10칸. 양로소養老所 용도로 집을 사기도 하고 대여섯 칸을 신축하기도 함.
- 부엌 : 기존의 주방인 노반청奴班廳과 신축한 주방 수십여 칸.
- 문 : 향도문嚮道門
- 기타 : 세한대歲寒臺 옛터에 '세한'이라 편액한 2~3칸 건물 신축. 고산서원 맞은편 절벽에 '만대암晩對巖' 세 글자를 새김. 이외에도 돈대의 이름이 있는 곳마다 축대를 쌓고 이름을 새겨 표시함.

③ 장소가 완성된 뒤에 원장은 호계서원의 규례를 사용하여 생원 · 진사 이

상의 사람을 취한다. 임원을 추천하는 규정은 도산서원의 규례를 사용하여 삼망三望의 권점을 갖추며, 추천 종이에 천거한 사람의 이름을 쓴다. 재임은 신중하고 일을 아는 사람을 택한다. 그러나 문장을 잘하지 못하는 사람이 구차하게 선출되어서는 안된다. 체모를 유지하고 출납에 신중하며, 연줄을 대서 차임되길 꾀하는 것을 극력 삼가야 한다.

③은 원장·임원·재임의 선출에 관한 규정이다. 원장은 호계서원의 규례를 준용하여 생원·진사 이상의 자격을 갖춰야 했다. 임원은 도산서원의 규례를 사용하여 세 명의 후보자[三望]를 추천하여 그 중에서 권점을 가장 많이 받은 사람을 선출했으며, 후보 추천장에 천거자의 성명을 기재하도록 했다. 재임은 신중하고 일을 잘 처리할 수 있는 사람으로 선택하되 기본적인 작문 능력은 갖춰야 한다고 제한했다. 또한 재임은 체모를 유지하고 출납에 신중해야 하며, 연줄을 대서 차임되는 일이 절대로 있어서는 안된다고 적시했다.

④ 서원은 강학을 위주로 해야 한다. 그런데 근래에 이런 뜻이 분명하지 않다. 본원은 이것을 하나의 큰일로 삼아 본소가 세워진 뒤에 즉시 강학소를 건립해야 한다. 훈장은 경전에 밝고 행실이 훌륭한 자를 선출하며, 그 체모가 원장만큼 높아야 한다.

조선시대 서원의 건립 목적은 선현 제향과 후세 교육에 있었다. ④는 고산서원의 목적이 스승에 대한 제향과 함께 학문을 계승하고 후학을 양성하는 일에 있다는 사실을 분명하게 천명하고 있다. 이 목적을 위해 강학소는 반드시 건립해야 할 건물이다. 그리고 강학소를 책임지는 훈장은 경전에 밝고 행실이 훌륭한 사람을 선출해야 하며, 원장과 동등한 예우를 받아야 한다고 명시했다. ⑥에서 향사 뒤에 전임 원장과 훈장에게 제사 고기를 보내도록 한 규정이나, ⑧에서 향음주례에 원장과 훈장을 역임한 사람은 나이에 구애되지 않고 모두 모임 자리에 들어갈 수 있다고 허용한 내용은 훈장에 대한 예우가 원장과 동등했음을 보여주는 실례이다.

> ⑤ 향사 때 헌관·집례·대축 등은 사전에 천망薦望을 보내 요청을 드린다. 그외 여러 집사는 편지를 보내 들어오길 요청한다. 편지를 보낸 대상 외에 혹 와서 참석하는 사람이 있다면 또한 막아서는 안되며, 다만 긴요한 임무에 넣어서는 안된다.

⑤는 향사의 제관祭官과 관련한 조항이다. 헌관·집례·대축 등은 위촉하는 문서인 천망을 보내 정중하게 청하며, 그외 여러 집사는 편지를 통해 참여를 요청했다. 그리고 요청을 받지는 않았지만 자발적으로 향사에 참여하고자 온 사람이 있다면 허용해야 한다고 열어놓았다. 다만 향사의 직무 중에서 긴요한 임무는 예상치 못한 참여자가 담당하는 것을 제한하여 제사를 모시는 일의 엄중함을 잃지 않게 했다.

> ⑥ 향사 뒤에 이전의 원장과 훈장에게 제사 고기를 보낸다.

이 조항은 달리 설명이 필요없을 듯하다.

> ⑦ 강학소講學所는 서원 내에서 가장 실질에 힘쓰는 곳이다. 매년 겨울 초에 공론으로 선비를 선발하여 재실에 거주하게 한다. 재실에 거주하는 법도는 백운동서원의 퇴계 선생이 논정하신 규례에 의거한다. 봄기운 화창하고 해가 길어지는 시기에 유생을 널리 모집하여 통독하고 강설하는 것을 영구히 바뀌지 않는 정식으로 삼는다. 과거 공부의 경우, 본래 선비의 급선무는 아니지만 지금 시행되는 제도이니, 역시 간과해서는 안된다. 모임 장소를 건립하여 매년 봄철 인근 고을에 돌아가며 모임을 설치하여 권장하는 방법을 극진히 해야 한다.

이 조항에서도 '강학소는 서원 내에서 가장 실질에 힘쓰는 곳'이라고 강조하여 강학의 중요성을 역설하고 있다. 재실에 거주하는 학생은 매년 겨울 초 공론에 의거해 선발하며, 생활 규범은 이황이 논정한 백운동서원(소수서원紹修書院으로 사액을 받음)의 규례를 준용한다고 제시했다. 그리고 봄에 유생을 널리 모집하여 통독하고 강설하는 것을 영구한 정식으로 삼는다고 밝혔다. 과거 공부는 의리義理를 탐구하는 일보다 급선무는 아니지만 당대에 시행되는 제도이므로 소홀히 할 수 없다는 입장을 취했다. 그리하여 장소를 마련하여 매년 봄철 인근 고을에 돌아가며 모임을 설치는 방법을 제시했다.

⑧ 학교는 인륜을 밝히기 위함이며, 인륜을 밝힘은 노인을 봉양하는 일보다 중대한 것이 없다. 그런데 근래에 이른바 '양로소'는 노인들이 부르고 찾는 장소에 불과하다. 본원이 이 장소를 설치했으니, 옛날 향음주례에서 나이와 지위를 바르게 한 예법을 본받아야 한다. 그런데 이와 같다면 노소가 일제히 모인 때에 물력을 감당하기 어렵다. 대략 옛 뜻을 보존하여 나이와 덕성이 모두 뛰어난 사람 3명을 삼빈장三賓長으로 정하고, 나머지 빈객들은 65세로 제한한다. 원장과 훈장을 역임한 사람은 나이에 구애되지 않고 모두 모임 자리에 들어간다. 본원의 원장이 주인이 되며, 각소의 유사가 친히 팔을 걷고 희생을 마련하는 예법을 대략 갖추어 직접 음식을 점검하여 노인에게 올린다. 몇 순배의 술을 거행하되 그릇을 균일하게 하며, 봄철이나 가을철에 하루이틀 휴양하는 곳을 마련한다. 젊은이의 예의는 게으르고 굼떠서는 안되며, 노인의 위의는 대신 시켜서는 안된다. 하루종일 술을 마시되 취해서는 안된다는 뜻을 준행하여 항아리 술과 포주박 잔으로 낭자하게 마시는 일을 숭상하여 법도를 어지럽히고 예의를 무너뜨려서는 절대 안된다.

⑧은 고산서원 운영 규정이 가지는 중요한 특징이라고 평가할 수 있다. 서원을 비롯한 학생들을 교육하는 학교의 설립 목적은 인륜을 밝히기 위해서라고 명시한 뒤, 그것을 실천하는 일 중에 노인을 봉양하는 것보다 중대한 것은 없다고 강조했다. 그러므로 고산서원의 건축 구성을 설명한 ②에서는 노인들이 휴양할 장소를 만들었다고 언급했으며, 이 조항에서는 이 양로소를 설치한 목적이 향음주례를 시행하여 나이와 지

위를 바르게 한 예법을 본받기 위해서라고 밝혔다. 그리고 향음주례를 시행할 적에는 나이와 덕성이 모두 뛰어난 3명의 삼빈장三賓長을 정하고, 그외의 빈객은 65세로 나이 제한을 둔다고 했다. 향음주례의 주인은 고산서원 원장이 맡으며, 각소의 유사들이 음식 준비와 점검을 담당한다. 모임의 횟수와 기간은 봄철이나 가을철에 하루이틀 정도 진행하는 것으로 규칙을 삼았다. 또한 향음주례는 법도를 세우고 예법을 익히는 행사이므로, 노인과 젊은이가 조심해야 할 행동거지를 예시하여 경계했으며, 특히 술에 대해 각별한 주의를 당부했다.

> ⑨ 근래에 서원에서 혹 노인들이 같이 와서 모일 때 평소에도 며칠을 머무르며, 혹 젊은이들도 잘못된 일을 본받아 서로 부르고 개를 잡고 고사리를 삶는다. 그리하여 의관을 정제하고 예의를 지켜야 할 곳이 마침내 술마시고 먹으며 농짓거리하는 장소가 되어버렸으니, 지극히 경계할 만하다. 이 서원은 향사·강회·양로회 등 외에는 무단히 모여서는 안된다. 가령 이름난 유학자나 뛰어난 선비가 상돈하여 경전을 담론하는 모임이라면 빈번함을 꺼리지 않는다. 만약 먼곳에서 좋은 벗이 혹 존모하는 마음을 가지고 찾아오거나 혹 유람하는 일로 인해 왔다면 역시 그를 위해 맞이하여 정성껏 대접하지 않아서는 안된다. 만약 강설을 할 수 있는 사람이라면 며칠일지라도 서로 강설하는 자리를 마련하는 것이 바람직하다. 혹 그렇지 않더라도 예의로써 접대해야 한다.
>
> 낮에는 상의를 벗지 말며, 친하더라도 지나치게 농짓거리를 해서는 안된다. 바둑·장기·잡기 등과 같은 것은 서원의 문에 들여서는 절대 안된다.

> 범하는 사람이 있다면 속히 벌을 시행하여 훗날의 경계로 삼는다.
>
> 혹 젊은 유생으로서 경학에 마음을 두어 한가한 틈을 타서 학업을 닦으려는 자가 있는데 스스로 양식을 마련할 수 없다면, 비록 재실에 거하는 시기가 아니더라도 그가 와서 머물며 학업을 익히는 것을 허락한다. 과거 공부와 같은 경우는 모두 허락할 필요는 없으니, 안팎과 경중의 구분을 보존한다.

⑨는 서원의 장소 사용에 관한 규정이다. 서원은 향사·강회·양로회를 위해 마련된 공간이므로, 사적인 모임을 위해 함부로 사용할 수 없다고 제한했다. 다만 예외 규정을 별도로 마련했다. 첫째, 이름난 유학자나 뛰어난 선비가 와서 강론 모임을 할 경우에는 횟수를 규제하지 않는다. 둘째, 먼 곳에서 좋은 벗이 존모하는 마음을 가지고 찾아왔거나 유람의 여정 중에 잠시 방문했다면 그들을 맞이하여 정성껏 대접해야 한다고 했다. 또한 그들 중에 강설을 할 수 있는 사람이 있다면 며칠 동안 서로 강론하는 자리를 마련하는 것이 서원의 본래 목적에 부합하는 바람직한 일이라고 권장했다.

후학을 양성하는 일과 관련된다면 정기적인 모임 외에도 허용할 수 있다고 예외 규정을 두었다. 젊은 유생으로서 경학에 뜻이 있어 여가 시간을 활용하여 학업을 닦으려 하지만 스스로 양식을 마련할 수 없는 사람이 있다면, 재실에 거하는 시기가 아니더라도 와서 공부할 수 있도록 허락했다. 하지만 과거 공부를 준비하는 사람이라면 모두 허락할 필요는 없다고 제한했다. 이를 통해 고산서원은 의리의 탐구를 근본된 공부로 삼고 과거 공부를 말단적인 공부로 여겨 엄격하게 구분하고 있음을 확인할 수 있다.

이상의 두 사안이 서원의 장소 사용과 관련된 것이라면, 이 조항의 중간 부분에는 서원이라는 공간에서 가져야 할 태도에 관해 규정하고 있다. 첫째는 낮에는 상의를 벗지 않는다, 둘째는 친하더라도 지나치게 농짓거리를 해서는 안된다, 셋째는 바둑·장기·잡기 등과 같은 것은 서원의 문에 들여서는 절대 안된다 등의 금기 사항이다. 그리고 이것을 어기는 사람이 있다면 속히 벌을 시행하여 훗날의 경계로 삼는다고 적시하여 경계시켰다.

> ⑩ 퇴계 선생의 이산서원 원규와 백운동서원 절목, (대산) 선생의 재거학규를 현판으로 걸어 준용한다.

이 조항은 고산서원의 운영 규정이 보범으로 삼은 근거를 제시한 것으로, 이황이 제정한 이산서원 원규와 백운동서원 절목, 이상정의 재거학규를 현판으로 게시하여 준용한다고 밝혔다.

> ⑪ 본원의 서책을 갖추지 않아서는 안된다. 책을 보관하는 장소를 건립하고 경전과 역사서의 여러 책을 구입해둔다. 유교 외의 잡다한 설들은 쉽게 사람을 유혹하고 뜻을 잃게 만드니, 절대 금지할 필요가 있다. 신구新舊 유사들이 마주하여 회계하고 직무를 인계할 적에 이산서원 원규의 '서책을 문밖으로 내보낼 수 없다'라는 규례를 사용한다. 혹 잃어버린 서책이

있다면 임원이 규례에 의거해 벌을 부과한다.

②에서 판각板閣 위에 가로로 3칸을 세워 장서각을 마련했다고 언급했는데, 이 조항에서는 그곳에 보관하는 서적들의 관리 규정에 관해 설명했다. 서적은 경전과 역사서를 구입하여 비치하며, 유교 외의 잡다한 책들은 절대 금지해야 한다고 규제했다. 그리고 전임 유사와 신임 유사가 예산을 회계하고 직무를 인계할 적에 이산서원의 원규를 준용하여 서원 밖으로 서적을 반출하지 않는다는 원칙을 수호해야 한다고 명시했다. 만약 서책을 분실한 사람이 있다면 임원이 규례에 의거해서 벌을 부과한다는 규정도 덧붙여 놓았다.

고산서원 백승각 현판(한국국학진흥원 소장 - 한산이씨 대산종가 기탁자료)

⑫ 본원은 간행하지 못한 서적들이 많고 또 선생의 전서는 힘을 다하지 않아서는 안 되는 점이 있다. 설령 이러한 서적들이 모두 간행되었다고 하더라도 오랜 뒤에는 자연히 중간할 일이 있다. 또한 연원이 되는 장소에서 혹 도움이 되는 책이 있다면 여기에서 간행해야 한다. 그러므로 간소刊所는 각별히 건립하지 않아서는 안된다.

이 조항도 고산서원의 지향을 분명하게 드러내고 있는 부분이다. 고산서원은 이상정의 학문을 계승하는 일을 중요한 사명으로 삼았으므로, 강학소와 함께 서적을 건행하는 간소刊所의 건립을 각별하게 중시했다. 이상정은 풍부한 저술을 남겼는데, 후학들은 이 저술들을 간행하여 스승의 학문이 영원토록 전해지는 일을 사명으로 여겼다. 또한 이상정의 저술뿐만 아니라 연원이 되는 장소에서 도움이 되는 서적이 있을 경우, 이 간소에서 간행해야 한다고 책무를 규정했다. 연원이 되는 장소로는 우선 이황을 제향하는 도산서원이나 김성일을 향사하는 호계서원 등을 거론할 수 있다.

⑬ 수리소修理所는 전적으로 본원의 수리를 주관한다. 매년 봄가을 향례 때 사전에 들어와서 담장의 무너진 곳을 상태에 따라 즉시 수리하며, 창호의 손상된 곳을 상태에 따라 즉시 보수하며, 뜰의 우거진 잡초들을 상태에 따라 즉시 제거하여 도량이 청정하고 건물이 정비되도록 한다. 10월 입재入齋하는 초에도 살펴서 창호를 다시 발라야 한나. 다민 이런 일들은 매년 작은 수리일 뿐이니, 만약 오랜 세월이 지난 뒤에 혹 큰 수리가 있게 된다면 먼저 그 일을 위해 경영하여 영구히 수용할 곳이 되지 않게 해서는 안된다.

이 조항은 수리소가 담당해야 일을 규정했다. 정례적인 수리는 매년 봄가을 향사 및 10월 입재入齋 이전에 실시하여 행사를 준비한다고 했다. 그리고 향후 대대적인 공사를 대비하여 중심이 되는 곳을 미리 마련해

둔다는 의미도 있음을 밝혀놓았다.

> ⑭ 본소 외에 다시 강학소講學所·접소接所(소규모 강학 모임 장소)·양로소養老所·책소冊所(장서각)·간소刊所·수리소修理所 등을 건립해야 한다면, 별도로 유사 2명을 세워 1년마다 교체한다.

이 조항에서는 서원의 중심 건물 외에 별도로 건립한 강학소·접소·양로소·장서각·간소·수리소 등에도 유사 2명을 세우고 1년마다 교체한다는 규정을 명시하고 있다.

> ⑮ 선생의 기일忌日과 절일節日에 소용되는 제수는 풍성하게 마련해야 한다. 유사가 품목이 적힌 문서를 갖추어 사전에 준비해서 보내며, 제사에 참여하는 유생 2명을 별도로 정한다.

이 조항은 향사와 관련된 것으로, 제수 준비에 실수가 없도록 유사가 품목이 적힌 문서를 갖추어 사전에 준비해서 보내도록 규정했다. 그리고 유생 2명을 별도로 지정하여 제사의 진행을 돕도록 했다.

> ⑯ 서원의 사적과 관련된 문서는 상세히 갖추지 않아서는 안된다. 매번 유생들이 무리지어 나아왔다가 무리지어 물러가기 때문에 빠뜨리게 되는 것이 많다. 본원과 관련된 크고 작은 일들을 모두 일기로 작성하게 한다. 왕래하는 손님들도 일기에 이름을 적어둔다. 또 각 서원과 주고받은 통

> 문 및 도내의 일에서 본원과 관련된 사항들은 긴요함을 따지지 말고 모두 베껴놓게 하여 정알일庭謁日(사당에 참배하는 날)마다 수용 여부를 살핀 뒤에 책소에서 장책하여 비치한다.

마지막 조항에서는 고산서원과 관련된 모든 사항을 기록으로 남겨 후세에 전하도록 규정하고 있다. 기재할 내용은 고산서원과 관련된 크고 작은 모든 일, 방문하는 손님의 성명, 다른 서원과 주고받은 통문, 도내에 있었던 일들 중에서 고산서원과 관련된 모든 사항 등이다. 이렇게 수시로 기록한 자료들은 사당에 참배하는 날에 정기적으로 검토하여 남겨놓을 내용을 선별한 뒤 책자로 만들어 책소에 비치하는 것으로 규정을 삼았다.

고산서원 건립 청원과 호학 정립 양상

1. 상소에 의한 고산서원 건립 청원

정재 류치명을 비롯한 이상정의 후학들은 자신들이 속한 학통을 이황 → 김성일·류성룡 → 장흥효 → 이현일 → 이상정으로 정립했다. 류장원과 류치명·류치엄 등도 이상정의 학문을 소호리蘇湖里의 '호湖'자를 따서 '호학湖學'이라고 명명하여 독자성을 천명했다.[51]

호학이 성립되는 과정을 살펴보면, 이상정이 별세한 후 그의 제자 및 후학들은 스승의 학문과 사상을 계승하고 선양하기 위해 여러 방법으로 진행했다. 첫째는 이상정의 증직贈職·증시贈諡·향사享祀 등을 요청하는 상소를 올려 조정으로부터 인가를 받으려고 노력했다. 1783년 이상정의 서거 2주년 되는 날에 사림의 발의로 고산정사에 향사하자는 논의가 일어났다. 그리하여 도내의 여러 고을에 통문을 보냈는데, 상소를 올려 향사를 요청하자는 내용으로 모두 응답했다. 하지만 이상정 문하의 제자들은 유문의 찬집을 우선적으로 추진하고 향사의 요청은 시간을 두고 신중하게 처리하는 것이 좋겠다는 입장을 가졌다. 그런데 여론이 그치지 않자 먼저 강당·서재·누정 등을 건립하여 서당의 규모를 대략이나마 갖춘 후에 향사를 위한 청원의 상소를 올리자는 쪽으로 결론지었으며, 1790년에 강당이 조성되었다.[52]

51 권오영, 「유치명 학파의 형성과 위정척사운동」, 『조선후기 유림의 사상과 활동』, 돌베개, 2003, 336~352쪽.

52 李象靖, 『大山實紀』 卷10, 「高山誌」 庚戌條.

강당이 건립되었으니 향사를 요청하는 일을 지체할 수 없다는 여론이 1794년에 다시 일어나 심기당審幾堂 황경희黃敬熙(1727~1785)를 소수疏首로 하고 김종덕이 상소를 작성하여 유생 10여 명이 대궐로 나아가 소를 올렸다. 상소에서 이상정을 '참된 유학자[眞儒]'로 규정하면서 그의 학문과 덕행을 상세히 거론했으며, 모든 사람이 이상정을 '도산陶山의 적전'이라고 일컫는 데에 이견이 없다고 서술했다.[53] 그때 조정으로부터 향사의 윤허를 받지는 못했지만, 이 일로 인해 퇴계학맥에 있어 이상정이 차지하는 위상을 공적으로 명시화하는 계기가 되었다.

1815년 예조참판으로 재직하고 있던 귀와龜窩 김굉金㙆(1739~1816)이 상소를 올려 이상정의 증직·증시·향사 등을 청원했는데, 그 내용에 '이황 이후 거론할 만한 오직 한 사람'이라고 지칭했다. 김굉은 자신의 이 말이 스승인 이상정을 미화하기 위한 것이 아니라 영남 전체가 함께 일컫는 것이며, 백대 이후라도 그의 시를 외우고 그의 책을 읽는 자는 그 사람을 알 것이라고 피력했다. 다음 해 6월 좌의정 한용귀韓用龜가 다시 증직을 청하는 계啓를 올려 같은 해 8월에 '가선대부 이조참판 겸 동지경연의금부사 홍문관제학 동지춘추관성균관사 세자좌부빈객 오위도총부부총관嘉善大夫 吏曹參判 兼 同知經筵義禁府事 弘文館提學 同知春秋館成均館事 世子左副賓客 五衛都摠府副摠管'에 증직되었다. 이후 1824년에 김희주金熙周가 이상정의 증직을 더 올려줄 것과 시호를 내려달라는 상소를 올렸으며,

53 李象靖,『大山實紀』卷10,「高山誌」甲寅條.

1853년 영남 유생 김조운金祚運 등도 상소를 올려 시호를 청원했다.[54]

이들이 청원의 근거로서 공통적으로 주장하는 것은 이황이 주자학을 계승하여 우리나라의 유종儒宗이 되었듯이, 이황 학문의 정통을 이어받은 진정한 적전[正嫡]은 오직 이상정이라고 주장한 점이다. 따라서 이상정의 증직·시호·향사 등을 청원하는 것은 그 일의 구체적 결과를 요구하는 것이기도 하지만, 이상정의 학문과 사상을 대외적으로 천명하고 공적으로 인정받는 계기가 되는 일이기도 했다. 이처럼 이상정을 선양하기 위해 추진하는 과정에서 병호시비屛虎是非가 발생한 까닭도 이 일의 사안이 단순히 이상정의 학문과 사상을 표창하는 차원을 넘어 퇴계학파의 도통을 확립하고 공적으로 선언하는 것이기에 심각한 갈등을 초래할 수밖에 없었다.

병호시비는 1620년 여강서원廬江書院에 이황을 주벽으로 하고 류성룡과 김성일을 봉안하는 과정에서 위패의 차례를 어떻게 정할 것인가를 두고 일어난 논란을 말한다. 결국 류성룡의 제자인 정경세의 주장으로 류성룡이 높은 위치인 좌측에 배향되는 것으로 일단락되었다. 하지만 당시 겉으로 보기에는 논란이 마무리된 듯했지만, 그 이면에는 류성룡의 학맥을 이은 병파屛派인 병산서원屛山書院과 김성일을 계승한 호파虎派인 호계서원虎溪書院이 퇴계학의 적통이 자신들에게 있음을 자부하며 계속적으로 미묘한 갈등이 잠재하고 있었다. 그런데 1812년 예안향교에

54 李象靖, 『大山實紀』 卷10, 「陳請」.

서 도회를 열어 이상정을 호계서원에 추향하자는 논의가 제기되어 이해 9월 17일 통문을 돌려 11월 10일 청성서원靑城書院에서 이상정의 호계서원 추향 문제를 논의하기 위해 도회를 열기로 했다. 그러자 병산서원에서는 11월 6일 청성서원 도회소에 통문을 보내 반대하는 입장을 밝혔으며, 청성서원에 모인 이상정의 추향을 지지하는 유생들은 이것을 반박하는 통문을 보냈다. 그리하여 잠재되어 있던 병파와 호파의 갈등은 이 일을 계기로 표면화되어 심각한 대립 양상을 띠게 되었다. '병호시비'의 발단과 전개는 이처럼 퇴계학파 내에서 이황의 도통을 어떻게 확립할 것인가에 대한 문제로서 병파와 호파 모두 자기 학맥의 정통성과 관련된 일이기 때문에 조금의 양보가 있을 수 없었다.[55]

2. 고산서당 강회를 통한 학문 계승

1) 이상정의 성性과 사덕四德에 관한 해석

이상정은 27세 때인 1737년 집안 어른들이 그를 위해 서당을 지어준 것을 계기로 학문과 저술에 더욱 전념할 수 있었는데, 「만수록晩修錄」은 바로 이 시기에 저술한 것이다. 그리고 이 시점 이후로 성리설에 대해 학

55 이와 관련하여 권오영, 「19세기 안동유림의 학맥과 사상」, 「유치명 학파의 형성과 위정척사 운동」(『조선후기 유림의 사상과 활동』, 돌베개, 2003)에 상세히 밝혀놓았다.

자들과 활발한 토론을 전개하고 저술을 짓기 시작했다. 따라서 「만수록」은 이상정이 본격적으로 학문적 여정에 나아가는 출발선상에서 지어진 저작이다. 「만수록」에는 사덕四德에 대해 다음과 같이 설명한 내용이 있다.

> 인성은 단지 하나의 리理일 뿐인데, 맹자는 어찌하여 입만 열면 인·의·예·지 등을 말했는가? 인·의·예·지 등은 어찌하여 성性자를 다 포괄할 수 있는가? 만약 보는 것이 투철하지 못하고 믿음이 미치지 못한다면, 저것들 위에 하나를 첨가하더라도 많은 줄 모르고 하나를 감소시킬지라도 적은 줄 깨닫지 못하리니, 또한 이것은 본 적이 없었기 때문일 뿐이다.
>
> 대개 이 성은 살아있는 사물이니, 동정動靜할 수 있다. 움직이다가 고요해지고 고요히 있다가 움직일 적에 점차 은미해지거나 성대해지는 것을 말미암는다. 처음 움직일 때에는 온난한 뜻이 있으니, 곧 인이다. 온난한 것이 극에 달한 후에 펼쳐져 성대해지니, 곧 예이다. 움직임이 지극해지면 다시 수렴되어 고요한 데로 향하게 되니, 곧 의이다. 수렴됨이 극에 달한 후에 응결되어 흔적이 없으니, 곧 지이다. 가령 봄·여름·가을·겨울 등은 단지 하나의 기氣가 동정하는 것이니, 봄은 움직임의 처음이고, 여름은 움직임의 극점이며, 가을은 고요함의 처음이고, 겨울은 고요함의 극점이다. 그러므로 하늘과 사람은 하나의 리라고 말하는 까닭이다.[56]

56 李象靖, 『大山集』 卷39, 「晩修錄」. "人性只是一箇理 孟子如何便開口說仁義禮智 仁義禮智如何便包得盡性字 若看不透信不及 這上添一箇也不覺多 減一箇亦不覺少 亦是不

중국 북송의 학자 정이程頤는 '성즉리性卽理'라고 언명했다. 주희의 문인 진순陳淳은 이에 관해 "'성은 곧 리이다'라고 했는데, 무슨 까닭으로 리라고 말하지 않고 성이라고 말하는가? 대개 리는 천지간에 사람과 사물이 공유한 리를 넓은 측면에서 말한 것이며, 성은 나에게 내재한 리이기 때문이다. 이 도리道理는 하늘로부터 받아 나에게 소유가 된 것이므로, 성이라고 한다. '성'자는 '생生'자와 '심心'자가 조합되어 만들어진 글자이다. 사람이 태어날 때부터 마음에 이 리를 갖추고 있으므로, 성이라 이름한 것이다."[57]라고 했다.

진순은 '성즉리'에서, 성은 리가 나의 마음에 갖추어져 있는 구체적이고 실제적인 측면을 나타내는 명칭이며, 리는 사람과 사물이 공유하는 근원적이고 포괄적인 측면을 표현하는 글자라고 구분했다.

그러므로 '성은 곧 리이다.'는 말은 성과 리가 동일성을 가지면서도 또한 서로 다른 차별성을 가진다는 의미로 해석해야 한다. 이상정은 성의 동정動靜과 체용體用에 대해 해석할 때, 통괄적으로 말하는 측면[專言]과 상대시켜 구분하는 측면[對待]으로 나누어 파악했는데, 성과 리가 가지는 이와 같은 동일성과 차별성을 인식했기 때문이다. 더욱이 이상정

曾看耳 蓋此性是活底物事 便會動靜 自動而靜 自靜而動 亦須有漸次微盛 方其初動時便有溫暖意思 這便是仁 溫暖到極後 便宣著盛大 這便是禮 動極了 便收斂向靜上 這只是義 收斂到極後 便凝結無痕迹 這只是智 如春夏秋冬 只是一氣動靜 春便是動初 夏便是動極 秋便是靜初 冬便是靜極 所以說天人一理."

57 陳淳 저, 김영민 옮김,『北溪字義』,「性」, 예문서원, 1993, 81쪽. "性即理也 何以不謂之理而謂之性 蓋理是泛言天地間人物公共之理 性是在我之理 只這道理受於天 而爲我所有故謂之性 性字 從生從心 是人生來 具是理於心 方名之曰性."

은 "성이라고 말할 때 이미 기氣와 함께 있다."[58]는 입장을 견지하여 성이 기품에 내재되어 있는 측면을 강조했으므로, 성과 리의 차별성을 보다 분명하게 구분하려는 경향을 가졌다.

이상정은 리와 기가 서로를 필요로 하는 상수相須의 관계를 중시했으며, 이것이 성에 대한 규정에 있어서도 일관되게 관철하고 있다. 위의 인용문에서 "성은 살아있는 사물이므로, 움직이거나 고요할 수 있다."라고 언급한 것은 리는 주체로서 주재主宰하고 기는 자구資具(바탕과 도구)로서 운동한다는 의미의 '리주기자理主氣資'에 입각한 설명이다.

따라서 리의 주재와 기의 운동에 의해 점차 움직이면서 인으로부터 예에 옮겨가고, 점점 고요해지면서 의로부터 지에 머무르게 된다. 그러나 그 주재하는 것은 동일한 하나의 리이며, 운동하는 것도 똑같은 하나의 기일 뿐이다. 「만수록」의 다른 부분에서 "인·의·예·지 등은 하나로부터 둘이 되고 둘로부터 넷이 되니, 태극太極이 양의兩儀를 낳고 양의가 사상四象을 낳는 것과 같다. 넷으로부터 둘이 되고 둘로부터 하나가 된다. 오행五行이 하나의 음양陰陽이며 음양이 하나의 태극인 것과 같다."[59]라고 사덕에 대해 설명한 것에서도 동일한 의미를 확인할 수 있다. 사덕에 관한 이상정의 이와 같은 견해는 이후에 「일성구사덕설一性具四德說」로 체계화되었다.

58 李象靖, 『大山集』 卷20, 「答李希道別紙」. "蓋纔說性時 便已帶著氣."

59 李象靖, 『大山集』 卷39, 「晚修錄」. "仁義禮智 自一而兩兩而四 便如太極生兩儀 兩儀生四象 自四而兩兩而一 便如五行一陰陽 陰陽一太極."

이상정은 제자 이종수가 "하나의 성이 사덕을 갖추고 있다고 말씀하셨는데, 실제로 그러한 곳을 간파할 수 없습니다."라고 의문을 가지자, 그에게 편지를 보내 설명했다.[60] 그리고 그 후 논설한 내용이 미진하다고 생각하여 다시 「일성구사덕설」을 저술하여 자신의 견해를 정리했다.[61] 이 저술의 제목을 '하나의 성에 사덕이 갖추어져 있다'라고 했는데, 여기서 '갖추어져 있다[具]'라는 의미에 주목할 필요가 있다. 이상정은 성이라는 명칭을 '리가 품부되어 기품氣稟에 내재해 있다'라는 뜻으로 정의했다. 그러므로 '갖추어져 있다'는 뜻은 성이 곧 사덕이라는 의미가 아니라, 성에는 사덕이 갖추어져 있다는 의미로 이해해야 한다.

이상정은 「일성구사덕설」의 첫 단락을 다음과 같이 시작했다.

> 천지간에 단지 일리一理가 유행하여 동정[음양]이 있다. 그러나 동動으로부터 정靜에 이르기까지 반드시 점차적으로 은미해지거나 성대해지는 구분

60 李象靖, 『大山集』 卷21, 「答李學甫」. "竊意人稟天地之理 具於心而爲性 渾然全體 眞靜純粹 語其情狀意思 則只是一箇善而已 (在天爲大極) 然就其中而分之 則一善之中 具健順之德 (在天爲陰陽) 就健順之中而又細分之 則健有溫和(仁)莊敬(禮)之義 順有裁斷(義)凝定(智)之意 此仁義禮智之名所以立於性之中 然語其本則渾同 只是一箇善也 牆壁雖泯而不害其有別 間架雖分而不害其爲同 此非人智慮之所安排 亦非從一理中旋生出來 天地間元有此理 此性中元有此德 合下具足 無所欠缺 及其感物而動 則其見於事者始終微漸 又白名具四德而無贏欠焉 蓋其具於中者 其體段固如是 是以其發於外者條理又如此 見其條理之見於外而無不然 則其體段之具於中而固然者 自可默識於言語之外矣 仍念此是心性最切緊處 不可不痛加理會."

61 李象靖, 『大山集』 卷39, 「一性具四德說」. "李學甫嘗疑一性具四德 實然處 未能看破 旣爲書答之 所言有未備 又著此說."

> [五行]이 있다. 그러므로 그 가운데 나아가 경계를 네 가지로 나누니, 원·형·이·정의 명칭이 이에 세워진 것이다. 『주역』에서 태극·양의·사상의 위位이며, 「태극도」에서 태극·음양·오행의 권圈이다. 그러나 오행이 하나의 음양이며, 음양은 하나의 태극이니, (원주: 양의·사상도 그와 같다) 단지 일리가 유행한 것이다. 대개 그 혼연히 나눌 수 없는 것에 나아가 찬연히 뒤섞일 수 없는 것이 있음을 본 것이오, 실제로 장벽과 울타리의 간격과 구분이 있어 서로 통할 수 없는 것이 아니다.[62]

이상정은 리와 기의 동정에 대해, "리와 기는 본래 함께 있으면서[相須] 움직이고 각자 기다리면서[相待] 고요하니, 동動과 정靜이 서로 바탕이 되고 체體와 용用이 서로 의지하고 있다. 그러나 리는 주재하는 것으로서 동정하게 하는 오묘함이며, 기는 바탕이 되는 것으로서 동정의 도구이다. 그러므로 리에 근거하여 통괄적으로 말한다면, 동정은 리의 유행이다. 리·기가 합한 데에 나아가 분석해서 말한다면, 움직이거나 고요한 것은 음양·기기氣機(기의 기틀)가 왕래하는 것이며, 그 위에 타고 있으면서 주장하고 발휘하는 오묘함은 태극이 하는 것이다."[63]라는 입장

62 李象靖, 『大山集』 卷39, 「一性具四德說」. "天地之間 只是一理(太極)之流行而有動靜(陰陽) 然自動而趨靜 由靜而至動 必有漸次微盛之分(五行) 故就其中間 界爲四破 元亨利貞之名 於是而立焉 在易爲太極兩儀四象之位 在太極圖爲太極陰陽五行之圈 然五行一陰陽 陰陽一太極 則(兩儀四象亦然) 又只是一理之流行 蓋就其渾然不可分者而見其有粲然而不可亂 非實有牆壁遮攔限隔區分不可以相通也."

63 李象靖, 『大山集』 卷6, 「答權淸臺」. "理之與氣 本相須以爲動 相待以爲靜 動靜交資 體用相循 然理者 所主以動靜之妙也 氣者 所資以動靜之具也 故據理而統言 則動靜者 固此

을 가졌다.

그러므로 '일리가 유행하여 동정[음양]이 있다.'는 말은 리에 근거하여 통괄적으로 말한 것이라고 이해할 수 있다. 일리가 유행하여 동정하는 것이 양동陽動·음정陰靜이다. 그리고 동으로부터 정에 이르기까지 각각 점차적으로 은미해지고 성대해지는 구분이 있는데, 곧 오행이다. 목·금·화·수·토의 오행 가운데 토는 일정한 위치나 소속이 없이 네 가지에 모두 작용하는 것이므로, 그것의 생성원리는 원·형·이·정 네 가지로 구분된다. 『주역』에서는 이를 태극·양의·사상의 위位라고 했으며, 주돈이의 「태극도」에서는 태극·음양·오행의 권圈으로 나타내었다. 그런데 음양과 오행은 모두 일리가 유행한 것이므로, 오행은 음양이 변화하고 화합하여 생성된 것이며, 음양은 일리가 동정하게 하여 생성된 것이다. 이상정은 이러한 측면에 대해, 혼연히 나눌 수 없는 것에 나아가 찬연히 뒤섞일 수 없는 것이 있음을 본 것이오, 실제로 장벽과 울타리의 간격과 구분이 있어 서로 통할 수 없는 것이 아니라고 분명하게 지적했다. 이것은 사덕을 이해하기 위한 전제로서, 원·형·이·정의 리를 설명한 것이다.

다음으로 사덕이 생성되는 소이연을 밝히고, 정靜의 측면에서 사덕을 설명했다.

理之流行也 就其合而析言之 則其或動或靜者 卽陰陽氣機之往來 而乘載其上 主張發揮之妙 則太極之爲也."

> 사람이 태어날 적에 천지 일원一元의 기를 품부받고 음양의 덕을 합하며 오행의 빼어남을 온전히 얻는다. 이런 까닭으로 마음에 갖추어져 성이 된 것이 완전한 것을 담고 있어 순수하고 지극히 선하니, 나에게 있는 태극이다. 그 가운데 나아가 갖추어진 덕을 궁구한다면, 강剛하고 건健한 것은 온화자애溫和慈愛·선저절문宣著節文의 덕이 있으니, 천지의 원·형이다. 유柔하고 순順한 것은 수렴재단收斂裁斷·귀장응정歸藏凝定의 뜻이 있으니, 천지의 이·정이다. 이는 인·의·예·지의 명칭이 세워진 까닭이다. 그러나 그 구분되는 것에 나아가 합하여 말한다면, 온화선저 및 수렴응정은 건순健順이 한 것이며, 건순은 또 일리의 오묘함이다. 이는 찬연히 구분되지만 혼연히 하나가 되는 데에 해가 되지 않으며, 구분하여 네 가지가 되지만 애초에 합하여 한 가지가 되는 데에 해가 되지 않는 까닭이다.(원주 : 이는 오로지 고요함에 나아가 말한 것이다)[64]

사람은 태어날 적에 일원一元의 기를 품부받고 음양의 덕을 합하며 오행의 빼어난 것을 온전히 얻는다. 품부받은 기가 통하고 바른 것을 얻었으므로, 마음에 갖추어져 성이 된 것이 완전한 리를 담고 있다. 이 성

64 李象靖,『大山集』卷39,「一性具四德說」. "惟人之生 稟天地一元之氣 合陰陽之德而全五行之秀 是以其具於心而爲性者 包涵渾全 純粹至善 卽在我之太極也 而就其中而究其所具之德 則一善之中包健順剛柔之義 卽太極動靜之象 二氣合德之妙也 又就其健順剛柔而細分之 則其剛而健者 有溫和慈愛宣著節文之德焉 卽天地之元亨也 其柔而順者有收斂裁斷歸藏凝定之意焉 卽天地之利貞也 此仁義禮智之名所以立焉 然卽其分而合言之 則溫和宣著 收斂凝定者 卽健順之爲 而健順者 又一理之妙 此所以粲然而不害其有渾然 分而爲四而初不害其合爲一也 (此專就靜上言)."

에 갖추어져 있는 리가 사람마다 가지고 있는 하나의 태극[일리]이다. 그러므로 일리의 작용에 의해 음과 양이 생성되듯이, 성에 내재되어 있는 리는 강건剛健과 유순柔順의 덕목으로 나눌 수 있다. 강건은 인의 온화자애溫和慈愛(온화하고 자애로움)와 예의 선저절문宣著節文(분명하게 드러나고 문채로움)의 덕을 가지며, 양으로서 원과 형에 해당된다. 유순은 의의 수렴재단收斂裁斷(거두어들이고 헤아려 판단함)과 지의 귀장응정歸藏凝定(돌아가 간직되고 모여서 안정됨)의 덕을 가지며, 음으로서 이와 정에 속한다. 그러므로 원·형·이·정의 리가 성에 갖추어져 인·의·예·지의 사덕이 되는 것이다. 일리가 유행하여 음양과 오행이 되는 것과 같이, 성의 리가 가지는 오묘함이 건순과 사덕으로 되는 것이다.

이상정은 이와 같은 측면에 대해, "천명이 천지 사이에 유행하는 것이 충만하고 가득하여 태극은 끝이 없는 데에서 안이 없는 데에까지 세밀히 들어간다. 대개 하나의 사물도 천명이 아닌 것이 없어 사물의 사이에 발현되는 것이 계속하여 그치지 않는다. 사람이 태어날 적에 천지의 리와 기를 얻어 몸과 성이 되니, 유행하는 본체가 온전히 그 가운데 품부되어 있다. 명덕明德의 명칭이 여기에서 세워진 것이다. 그러나 이것을 얻은 소이연所以然(그러한 까닭)을 근원해 본다면, 본래 하늘이 나에게 부여한 것이다. 이런 까닭으로 일상생활 가운데 드러나는 것이 어느 곳인들 천명의 유행이 아닌 것이 없다. 오직 기를 품부받은 것이 가지런하지 않고 사물의 누累가 끌어당기기 때문에 단절과 간격이 생겨 종종 천명으로부터 스스로 끊어지는 것이다. 그러나 유행의 본체는 이로 인해 혹 감소된 적이 없다. 이것은 '하늘과 사람이 하나의 몸이다[天人一體]'라는 것이며 '천명과 명덕이 하나의 리이다[命德一理]'라는 것이니, 애초에 피차와 대소의 구분이 어찌 있으리요?"[65]라고 설명하기도 했다.

사덕을 동정의 측면에서 다음과 같이 말했다.

> 만약 그 유행하는 것에 나아가 말한다면, 처음부터 끝까지 단지 일리로서 동정이 있으며, 그 동정은 또 각자 은미해지거나 성대해지는 구분이 있다. 음양으로 말한다면, 의·지는 미발일 때의 본연의 본체가 되며, 인·예는 발현할 때의 유행의 작용이 된다. 내외로써 말한다면, 인은 마음에 보존되고 예는 공경을 위주로 하므로 정靜이며 본체이다. 의는 일을 제재하고 지는 사물에 두루 미치므로 동動이며 작용이다. 대개 네 가지가 각각 동정이 있다. 그러므로 상호 체용이 된다.(원주: 이는 동정에 나아가 말한 것이다)[66]

일리가 유행하는 측면에서 본다면, 일리로 인해 동정하는 가운데 사덕은 각각 은미해지거나 성대해지는 구분을 가지게 된다. 음양의 측면

65 李象靖,『大山集』卷14,「答洪仲厚」. "天命之流行於兩間者 充滿亘塞 大極於無際而細入於無內 蓋無一物之非天 而見於事物之間者 固於穆之不已也 人之生也 得夫天地之理氣而爲體性 則其流行之本體 全賦於其中 而明德之名 於是立焉 然原其所以得此 固天之所以與我者 而由是而見諸日用事爲之際者 無適而非天命之流行也 惟其氣稟不齊而物累互牽 是以間斷隔閡 往往自絶於天 然其流行之本體 未嘗以是而或損 是則天人一體 命德一理 初豈有彼此大小之分哉."

66 李象靖,『大山集』卷39,「一性具四德說」. "若又就其流行而言 則自始至終 只是一理而有動靜 而其動靜又各自有微盛之分焉 以陰陽言 則義智爲未發本然之體而仁禮爲發見流行之用 以內外言 則仁存諸心 禮主乎敬而爲靜爲體 義制夫事 知周乎物而爲動爲用 蓋四者各有動靜 故又互爲體用也 (此就動靜上言)."

에서 말한다면, 의·지는 음陰으로서 미발未發의 본연지체本然之體가 된다. 그리고 인·예는 양陽으로서 발현할 때 유행의 작용이 된다. 내외의 측면에서 말한다면, 인은 마음에 보존되고 예는 공경을 위주로 하므로, 나의 몸 안에 관계되는 것으로서 정靜이며 본체이다. 의는 일을 제재하고 지는 사물을 두루 아는 것이므로, 나의 몸 밖 일과 사물에 관계되는 것으로서 동動이며 작용이다. 그러므로 인·의·예·지는 음양의 측면과 내외의 측면에서 각각 말할 수 있으며, 그것에 따라 각기 동정이 달라지며 체용의 역할이 바뀐다고 이해했다.

동動의 측면에서는 사덕을 다음과 같이 설명했다.

> 또한 동動하는 곳에 나아가 말한다면, 한 가지 일의 시종始終·미성微盛에 따라 각각 사덕을 갖추고 있지 않음이 없다. 통괄의 측면에서 말한다면, 이 마음이 처음 발하는 것[始發]은 인이며, 드러나는 것[宣著]는 예이며, 재제裁制하는 것은 의이며, 거두어 간직하는 것[斂藏]은 지이다. 단편의 측면에서 말한다면, 측은惻隱이 발할 적에 처음 일어나는 것은 인仁의 인仁이며, 드러나는 것은 인仁의 예禮이며, 재제하는 것은 인仁의 의義이며, 거두어 간직하는 것은 인仁의 지智이다. 사양辭讓이 발할 적에 처음 발하는 것은 예의 인이며, 드러나는 것은 예의 예이며, 재재하는 것은 예의 의이며, 거두어 간직하는 것은 예의 지이다.(원주 : 의·지도 그와 같다) 이는 맥락이 서로 연결되어 있고 혈기가 서로 흘러 애초에 피차와 경계의 구분이 없다. '인의 발함', '의의 발함', '예·지의 발함'이라 말한 것은 그것이 발하는 곳에 나아가 그 기상氣象과 사류事類가 빈주賓主·경중輕重이 있는 것을 구분하여 분속시켰을 뿐

이다. 인이 발할 적에 의가 도무지 상관되지 않으며, 예가 스스로 움직이고 지가 전혀 깨닫지 못하는 것이 아니다. 이것은 조목이 다단하고 항목이 매우 많아 끝까지 따질 수가 없을 것 같다.

그러나 묶어서 말한다면, 사덕의 구분은 건순강유健順剛柔의 본체와 동정미저動靜微著의 순서로서, 그 실제는 본연일리本然一理의 오묘함이다. 맹자孟子·주자周子·정씨程氏 등이 구분한 것이 네 가지에 그친 까닭은 이 정도로 하면 충분히 많은 명목을 포괄하고 조리를 총괄하여 온갖 조화의 도리를 관통하는 벼리로 삼을 수 있기 때문이다. 그러므로 세분하는 데에 일삼지 않아 말하지 않았을 뿐이다. 만약 그 리를 극대화하여 끝까지 말한다면, 주자朱子가 말하길 "측은·수오·사양·시비 등은 하나의 일마다 모두 두 가지 뜻이 있다."라고 하니, 이는 네 가지가 나뉘어 여덟 가지의 상象이 되는 것이다. 『중용』에서 인·의·예·지를 나누어 열 여섯 가지의 덕으로 삼았으니, 이는 여덟 가지가 나뉘어 열 여섯 가지의 상이 된 것이다.(원주 : 주자[朱子]가 말하길 "인·의·예·지는 역[易]의 양상이 나누어지는 것과 같다"라고 했다) 나누고 쪼개는 것이 세밀하면 할수록 더욱 다함이 없다. 그러므로 '마음에 많은 이치를 갖추고 있다.'라고 하며, '만 가지 이치가 포함되어 갖추어져 있다.'라고 하니, 대개 이것을 가리켜 말한 것이다.[67]

67 李象靖,『大山集』卷39,「一性具四德說」. "又只就其動處而言 則隨其一事之始終微盛而亦莫不各具四者之德焉 以專言者而言 則此心之始發者仁而宣著者禮也 其裁制者義而斂藏者智也 又以其偏言者而言 則如惻隱之發 始發者仁之仁 宣著者仁之禮 裁制者仁之義 斂藏者仁之智也 辭讓之發 始發者禮之仁 宣著者禮之禮 裁制者禮之義 斂藏者禮之智也 (義智亦然) 是其脈絡相聯 血氣交注 初無彼此畦畛之分 其曰仁之發義之發禮智

이상정은 동動의 측면에서 사덕을 말한다면, 한 가지의 일이 시작되고 끝나는 때에 은미해지거나 성대해지는 것에 따라 각기 사덕을 갖추고 있다고 이해했다. 사덕인 인 · 의 · 예 · 지를 통괄의 측면에서 말한다면, 마음이 처음 발현되는 것은 인의 작용이며, 펼쳐져 드러나는 것은 예의 작용이며, 재단하여 제재하는 것은 의의 작용이며, 거두어 감추어지는 것은 지의 작용이다.

단편의 측면에서 말한다면, 측은惻隱이 발할 적에 처음 발현되는 것은 인仁의 인仁이 가지는 작용이며, 펼쳐져 드러나는 것은 인仁의 예禮가 가지는 작용이며, 재단하여 제재하는 것은 인仁의 의義가 가지는 작용이며, 거두어 감추어지는 것은 인仁의 지智가 가지는 작용이다. 이는 인의 발현인 측은한 감정이 나타났다가 사라지는 과정에 따라 사덕이 모두 갖추어져 있는 점을 말한 것이다.

이상정은 사덕의 맥락이 서로 연결되어 있고 혈기가 서로 흘러서 애초에 피차와 경계의 구분이 없다고 이해했다. 그러므로 비록 '인의 발함', '의의 발함' 등으로 구분하여 말하더라도, 사실은 그것이 발하는 곳에 나아가 그 기상氣象과 사류事類의 빈주賓主와 경중輕重을 구분하여 분

之發 亦就其所發之處 分其氣象事類之有賓主輕重而分屬焉 非謂仁之發而義都不關 禮自動而智全不覺也 此其條緒多端 頭項甚夥 若不可以究詰 然撮而言之 則四德之分 卽健順剛柔之體 動靜微著之序 而具實又本然一理之妙也 孟周程氏皆分之止於四者蓋至此則足以包括衆目 兼總條貫 爲綱紀萬化之道 故無事於細分而不言之耳 若極其理而究言之 朱子曰 惻隱羞惡辭讓是非 一事皆有兩義 此四分爲八之象也 中庸分仁義禮智爲十六德 此八分爲十六之象也 (朱子曰 仁義禮智 當如易樣分) 絲分縷析 愈細而愈無盡 故曰心具衆理 曰萬理含具 蓋指此也."

속시켰을 뿐이라고 했다. 결국 본연의 일리가 유행한 것이 건순이 되며, 건순은 다시 인·의·예·지의 네 가지로 경계를 구분할 수 있지만, 다시 역으로 거슬러 올라간다면 단지 혼연한 일리로 귀속될 뿐이다.

그리고 맹자孟子·주자周子·이정二程 등이 일리의 유행을 네 가지로 구분한 까닭은 이 네 가지 가운데 여러 조목이 포괄되고 조리들이 총괄되어 온갖 조화의 도리를 관통하는 벼리로 삼기에 충분하기 때문이라고 해석했다. 네 가지의 범주 안에 세부적인 분류들이 포괄되어 있다는 의미이다. 만약 극대화해서 지극히 세부적인 것에까지 말한다면, 사덕은 나뉘어 여덟 가지가 되며, 여덟 가지는 다시 열여섯 가지가 되며, 열여섯 가지는 다시 서른두 가지가 되며, 서른두 가지는 육십 네 가지가 된다. 그러므로 '마음에 많은 이치를 갖추고 있다', '만 가지 이치가 포함되어 갖추어져 있다' 등의 말들은 이러한 측면을 가리켜 말한 것이라고 이해할 수 있다.

2) 이상정의 인仁을 향한 추구와 공公의 체현

『중용』 제1장 첫 구절에, "하늘이 명한 것을 성性이라 하며, 성을 따르는 것을 도道라 하며, 도를 마름하는 것을 교敎라 한다."[68]라고 하여 천天·성性·도道·교敎의 유기적 관계를 언명하고 있다. 이는 성리학의 핵심

68 朱熹, 『中庸章句』 第一章. "天命之謂性 率性之謂道 脩道之謂敎."

된 내용이 집약되어 있는 곳이므로, 이 첫 구절을 어떻게 해석하느냐의 문제는 성리학의 체계를 형성하는 데에 중요한 관건이 된다. 특히 '성을 따르는 것을 도라 한다'는 구절은 성과 도의 체용 관계 및 중화中和와의 연관성 등 심성론에서 다양한 논의가 전개되는 근원처이자 분기점이다.

이것에 관해 이상정은 「솔성지위도설率性之謂道說」을 지어 자신의 견해를 정리했는데, 그 첫머리는 다음과 같이 시작된다.

> 하늘이 음양과 오행으로써 만물을 화육化育하니, 기는 그것을 위해 바탕과 도구가 되며 리는 타고서 그 안에 포함되어 갖추어져 있다. 이 리는 어떠한 리인가? 하늘에 있어서는 원·형·이·정이라 하며, 사람에 있어서는 인·의·예·지라 한다. 저 미천하여 사물이 된 것은 비록 형기形氣의 편벽됨에 국한되어 스스로 온전함이 있을 수 없다. 그러나 또한 각기 통하고 막힘의 많음과 적음·두터움과 엷음을 품부받은 것에 따라 이 리를 갖추지 않은 것이 없다.[69]

이상정은 하늘이 음양과 오행으로써 모든 존재를 생성하고 기르는데, 기는 바탕[田地]과 도구[材具]의 역할을 담당하며 리는 그 가운데 내재하여 갖추어져 있다고 했다. 또한 "하늘이 주재가 되어 음양과 오행으로

69 李象靖, 『大山集』 卷39, 「率性之謂道說」. "天以陰陽五行 化育萬物 氣爲之田地材具而理便乘載包具於其中 夫是理何理也 在天曰元亨利貞 在人曰仁義禮智 彼賤而爲物者雖局於形氣之偏而不能有以自全 然亦各隨其稟賦通塞之多寡厚薄而莫不具是理焉."

써 만물을 생성하며, 리는 또한 여기에 부여된다. '천天'자는 본래 리·기의 근원으로서, 오로지 '리'자로만 본다면 포괄하는 것이 부족한 듯하다."[70]라고 설명하기도 했다.

이상정은 만물을 생성하고 그것에 리를 부여하는 하늘이라는 존재를 리·기의 근원으로 파악하여 상제천上帝天이 아니라 이법천理法天으로서의 의미임을 밝혔다. 모든 존재의 근원자로서의 하늘인 것이다. 하늘에 의해 우주의 질서가 운행되는데, 원·형·이·정이 그것이다. 그리고 사람에게 있어서는 인·의·예·지이다. 이법천의 천리와 사람이 부여받은 성의 리는 본질적으로 동일한 것이다. 이는 인성의 근원을 하늘에 근거지움으로써 그것의 절대성·완전성을 확보하는 것으로, 천인합일天人合一의 사상이다.

그리고 이상정은 동물·식물 등 사물들은 형기形氣의 편벽됨에 국한되어 온전히 발현하지는 못하지만, 하늘으로부터 리를 부여받아 갖추고 있다는 점은 사람과 같다고 했다. 이는 사람과 사물이 하늘로부터 동일한 리를 품부받았다는 측면에서는 근원적으로 동일하다는 것으로, 물아일체物我一體의 사상이다.

이런 이론에 바탕하여 이상정은 "하늘이 리를 사람에게 부여하여 마음에 갖추어져 성이 된다."[71]고 정의했으며, 이 성의 리는 내면을 주재하

70 李象靖,『大山集』卷8,「答李欽夫」. "天爲主宰 而以陰陽五行生萬物而理亦賦焉 此天字固理氣之原 專作理字看 似欠包括."

71 李象靖,『大山集』卷41,「讀權江左中庸疑義」. "天以此理賦於人 具諸心而爲性."

는 것으로 그 속성은 완전하고 순수하며 지극히 선한 것이라고 이해했다. 그리하여 그것이 일상생활 가운데 유행하고 발현된 것이 '도道'라고 규명했다. 성은 본체로서 내면에 내재하고, 도는 작용으로서 밖으로 드러나는 것이다. 그러므로 성과 도는 체용과 내외의 관계를 가지는 것으로, '성체도용性體道用'이라고 규정했다. 그리고 성이 도로 발현되는 것은 인위적인 노력이나 외부의 조건에 의해 정해지는 것이 아니라, 성의 자연스러움을 따라 저절로 발현되는 것이 도라고 했다.

앞에서 살펴보았듯이, 이상정은 사람의 성에는 인·의·예·지의 사덕이 갖추어져 있다고 이해했다. 그 사덕을 '성체도용'에 적용하면, 인의 자애慈愛의 리가 발현되어 친친親親(어버이를 친애함)·인민仁民(백성에게 인자함)·애물愛物(만물을 사랑함)의 도가 된다. 의의 단제斷制(판단하고 제재함)의 리가 발현되어 존군尊君(임금을 존경함)·경장敬長(어른을 공경함)·예현禮賢(현인을 예우함)의 도가 된다. 예의 공경恭敬의 리가 발현되어 사양辭讓·절문節文(문채로움)의 도가 된다. 지의 지각知覺의 리가 발현되어 분별分別·시비是非의 도가 된다. 이상정은 사람의 마음에 내재된 성이 본래부터 이와 같은 리의 속성을 가지고 있으며, 도는 이 리를 따라 어기지 않는 것일 뿐이라고 해석했다. 그러므로 본체로서의 성과 작용으로서의 도는 맥락이 상관되어 있고 혈기가 서로 흘러 자연스럽게 발현되는 것이므로, 덮고 감추려 해도 그렇게 될 수 없다고 설명했다.[72]

72 李象靖, 『大山集』 卷39, 「率性之謂道說」. "以人而言 仁只是慈愛之理 故循仁之性 則親親仁民而愛物 莫不以慈愛之理而爲道 義只是斷制之理 故循義之性 則尊君敬長而禮賢

이와 같이 이상정의 성리설을 이해한다면, 그가 왜 정이의 '인이 사덕을 포괄한다[仁包四德].'라는 인설仁說을 '하나의 성이 사덕을 갖추고 있다[一性具四德]'라는 측면에서 해석했는지에 대한 실마리를 얻을 수 있을 듯하다. 이상정은 인이 사덕을 포괄할 수 있는 원인이 성에 내재하는 일리에 있다는 점을 명확하게 드러내고자 한 것이다. 성의 본래성은 하늘이 부여하고 사람이 품부받은 일리에 근원하며, 성의 실재성은 리가 주재하고 기가 바탕이 되는 '리주기자理主氣資'의 형태를 가진다고 이해했다.

그러므로 이상정은 '제외양중制外養中(외면을 제어하여 내면을 함양함)'의 수양을 통해 이루고자 한 목표가 자신의 사욕이 극복되고 만물 공통의 일리가 회복되는 데[私勝理復]에 있다고 제시한 것이다. 일리가 회복된다면 나와 타인 및 사물이 일체로 인식되는 경지에 이르게 될 것이며, 사욕에 의해 막혀 있던 장벽이 사라져 물아가 서로 소통할 수 있을 것이다. 나와 타인 및 사물이 막힘없이 소통할 수 있는 그것이 바로 '인'인 것이다. 성인聖人은 마음에 내재한 일리를 회복하여 인을 극진하게 실현할 수 있어 하늘과 땅이 만물을 낳고 기르는 일에 참여하여 도울 수 있는 사람이다. 그러므로 모든 만물과 막힘없이 소통하고 천지와 함께 생명의 창조와 양육에 참여할 수 있는 그것은 바로 '공公'의 실현인 것이다.

莫不以斷制之理而爲道 禮只是恭敬之理 故其發而爲辭讓節文者 莫不循夫恭敬之理而爲道焉 智只是知覺之理 故其發而爲分別是非者 莫不循夫知覺之理而爲道焉 蓋性之在中 其體面貌象 本自如此 而斯道也固循是而不倍焉 是以考其影象意味 則其脈絡相貫氣血交注 雖欲掩諱而不可得也."

정이는 인과 공公의 관계에 대해 "공자孔子께서 '인자는 자기가 서고 싶으면 남을 세워주고 자기가 영달하고 싶으면 남을 영달하게 하니, 가까이에서 비유를 취하는 것이 인의 방법이라 말할 수 있다.'라고 말씀했다. 나는 공자께서 사람들에게 가르친 말씀 가운데 오직 이것이 극진하다고 생각한 적이 있는데, 요점은 공公에서 벗어나지 않는다."라고 설명했다.

이에 대해 중국 학자 진래陳來는 "정이는 공公이 인을 행하는 핵심적 방법, 즉 인을 실천하는 주요 방법이라고 말하는 것 같다. 공公의 의미는 하나는 보편적 적용을 부각하는 것이고, 다른 하나는 사적 편향을 교정하는 것이다. 이러한 사상은 유가 사상에서 '인애'와 '공정'의 관계와 그에 대한 이해를 위해 중요한 자원을 제공해준다. 한대漢代의 인학仁學에서 중용의 원칙에 따르지 않는다면 인의 실천이 사적 편향으로 흐를 수 있다는 것을 한대 유학자들이 인식했기 때문에 그 점을 반성했고, 이로써 인에 대한 이해를 더욱 전면적으로 하고자 했다. 이런 의미에서 정이가 인을 '공公'으로 해석한 것은 인을 행하는 구체적 실천 과정에서 사람들이 저지를 수 있는 폐단을 경고한 것이었다고 할 수 있고, 여기에는 깊은 의미가 있다."라고 해설했다.[73]

또한 진래는 정이가 "공公이 있어서 사람이 그것을 체화함으로써 인을 행한다. 공적인 것을 행하기만 하면 대상과 내가 서로를 비추어주기

73 陳來 저, 이원석 옮김, 『仁學本體論』, 글항아리, 2021, 659~661쪽.

때문에 인은 상대방을 헤아릴 수 있고[恕] 사랑할 수 있다. 상대방을 헤아린다는 것은 인을 베푸는 것이고, 사랑해준다는 것은 인의 작용이다."라고 말한 내용에서, '대상과 내가 서로를 비춘다[物我兼照]'라는 말은 공정公正에 대한 고대 유가의 한 해석인데, 서로 다른 주체들은 동등한 대우를 받아야 함을 강조한 표현이라고 그 의미를 해석했다.[74]

이처럼 인과 공公의 연관성에 대해 이해해본다면, 이상정의 성리설이 지향한 인의 추구와 일상에서의 실천은 일리의 회복에 의해 물아일체物我一體와 물아겸조物我兼照를 체득하여 공公을 체현하기 위한 노력의 과정이었다고 이해할 수 있다. 그러므로 이상정의 동생이자 평생의 학문적 동지인 이광정은 이상정이 이룩한 학문과 수양의 경지에 대해, "한 몸에는 도리가 유행했으며, 마음에선 남과 나를 모두 잊었다. 도를 체득하고 덕을 증진하는 일을 죽은 뒤에야 그만두었으니, 병이 들어 생사를 오갈 즈음에서 살펴볼 때 또한 평소 수양한 바를 충분히 증명할 수 있다."[75]라고 서술했다. 이광정은 이상정의 한 몸에서 도리가 유행할 정도로 인욕에 의해 막힌 간극이 없어졌고 마음에선 남과 나를 모두 잊어 사욕에 의한 구별이 사라졌지만, 이상정은 도를 체득하고 덕을 증진하는 일을 죽는 순간까지 멈추지 않았다고 증언한 것이다.

주희는 개인·사회·세계를 천리와 인욕의 대결 양상으로 파악했다.

74 陳來 저, 이원석 옮김, 『仁學本體論』, 글항아리, 2021, 661~662쪽.

75 李光靖, 『小山集』 卷12, 「三兄大山先生行狀」. "道理流行於一身 物我兩忘於心上 體道進德 死而後已 觀於疾病死生之際 又足以驗平生之所養矣."

천리가 많을수록 그 만큼의 인욕이 줄어들며, 인욕이 극성할수록 그에 따라 천리가 소멸될 수밖에 없다고 이해했다. 주희의 이런 관점에 따른다면, 성인은 자신의 천리를 극진하게 하여 인욕이 사라지는 경지에 이른 사람이며, 자신이 속한 사회로부터 세계로까지 천리를 확장해 나가기 위해 실천하는 자이다. 그러므로 성인은 사람뿐만 아니라 모든 만물과 소통할 수 있으며, 하늘과 땅과 함께 생명의 창조와 양육에 참여할 수 있다. 이것은 인의 실천이자 공公의 체현이다.

이상정을 비롯한 조선의 유학자들이 추구한 이상적 목표는 성인에 이르는 것이었다. 이것은 개인적 사욕을 극복하여 보편적 천리를 체득해 나가는 길이며, 개인적 성취를 넘어 공공의 성장으로 나아가는 노정이다. 그러므로 그들의 공부와 실천은 타인 및 만물과 소통하는 열린 발걸음이었으며, 끊임없이 자신을 넘어 더 큰 우리를 발견하는 연결된 관계였다.

3) 이상정 후학들의 1811년 고산서당 강회

이상정의 후학들은 고산서당에 모여 스승의 학문을 강론함으로써 학맥을 이어 나가고자 노력했다. 이상정을 제향할 수 있도록 청원한 일에 대해 조정으로부터 인가를 얻지 못한 채 점차 세월만 흐르게 되자, 당임堂任을 맡은 호곡壺谷 류범휴柳範休(1744~1823)는 용연容淵 김종발金宗發(1740~1811)과 김굉에게 편지를 보내 이상정의 문인들이 함께 모일 것을 제안했다.

> 선생께서 돌아가신 지도 31년이 되었습니다. 향사를 올리는 일이 조정에 의해 금지되어 감히 사적으로 설치할 수도 없고, 대궐문에 가서 호소할 수도 없습니다. 그러니 머무시던 곳에 나아가 지으신 글을 강론하여 그 분의 도를 밝혀 선생의 학문이 사람들에게 실추되지 않게 한다면, 큰 은혜에 조금이라도 보답하는 일이 될 것입니다.[76]

그리하여 1811년 8월 24일에 모임을 가졌는데, 100여 명의 유생이 참여했다. 류범휴와 김굉이 이상정의 문도 가운데 가장 선배였으며, 이영운李永運은 이상정의 장손으로서 함께 참석했다. 류범휴가 강회를 주관하여 매일 상견례를 행하고, 『대산집』의 「솔성지위도설」·「일성구사덕설」·「심무출입설心無出入說」 등 세 가지 학설에 대해 4일 동안 강론했다.

4일 동안의 강회는 장석을 맡은 류범휴가 이상정의 세 가지 학설에서 함께 강론할 논제를 제시한 후 참석한 사람들이 그것에 관해 견해를 개진하는 방식으로 진행했다. 한 사람이 자신의 견해를 일방적으로 전달하는 강의가 아니라, 하나의 논제에 대해 다양한 견해를 개진하여 본래의 의미에 보다 가까운 것이 무엇인가를 토론하는 장이었다.

강회 때 논의한 내용이 돈계遯溪 김선金墡(1758- 1815)의 「고산강의高山講義」에 자세하게 기록되어 있다. 「고산강의」의 기록을 통해 당시 토론

76 『大山先生實紀』 卷10, 「高山誌」. "先師易簀 于今三十一年 畏壘之奉 尼于朝禁 旣不敢私設 又不能叫閽 則卽其地 講其書 以明其道 使先生之學 不墜在人 其於塵刹之報 或庶幾焉."

고산강회록
(한국국학진흥원 소장 - 한산이씨 대산종가 기탁자료)

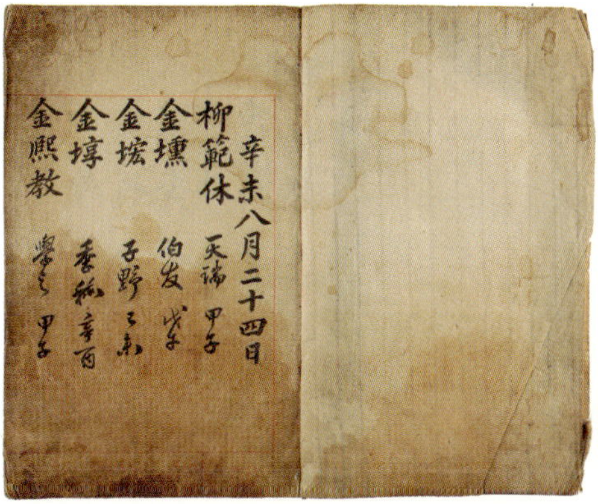

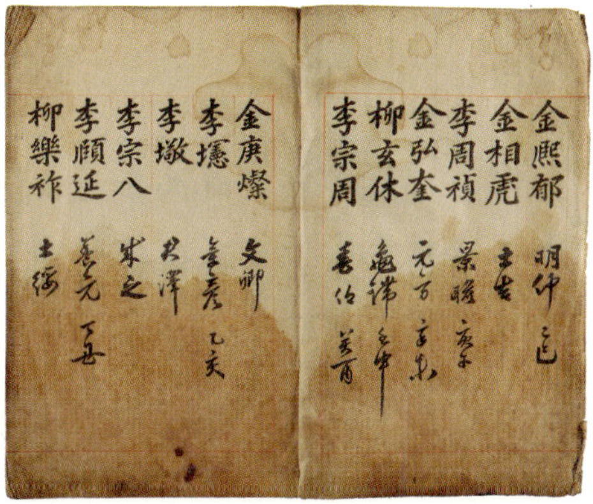

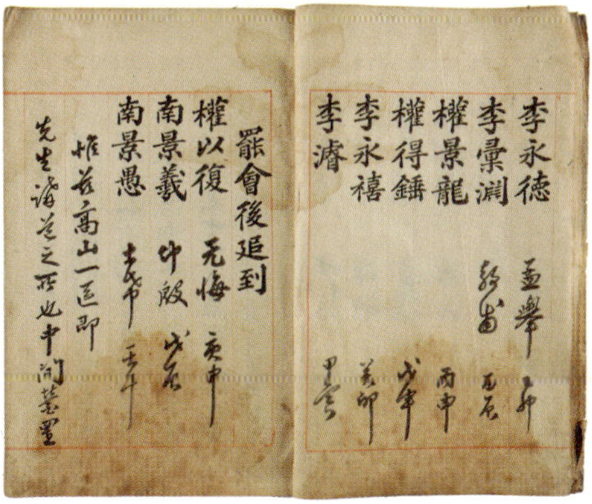

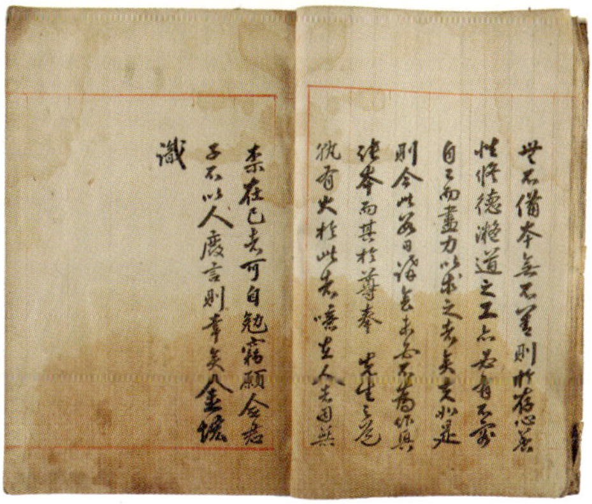

한 내용을 일부분 살펴본다면, 이상정의 「일성구사덕설」에서 사덕을 동動의 측면에서 통괄하여 말한 전언專言과 단편적으로 말한 편언偏言으로 설명한 것에 대해 당시 서로 다른 의견이 제기되었다.

> 장석丈席이 '전언專言의 측면에서 말한다면 이 마음이 처음 발한 것은 인이며 …… 편언偏言의 측면에서 말한다면 측은이 발할 적에 처음 발한 것은 인仁의 인仁이며…….'라는 부분을 지적하여, 정자程子가 인을 논한 곳에서 "편언으로 말한다면 한 가지 일이며, 전언으로 말한다면 네 가지를 포괄하고 있다."라고 말한 것과 동이同異가 있는 것 같다고 했다. 종형(김굉[金㙆])이 말하길, "이것은 마음의 측면에서 말했고, 저것은 인의 측면에서 말했으니, 그 뜻이 갈지 않습니다."라고 했다. 이운李壎이 또한 "편언과 전언의 말은 비록 같지만, 동일한 예로 보아서는 안 됩니다."라고 했다.[77]

모임의 좌장인 류범휴가 이상정이 사덕을 동動의 측면에서 통괄하여 말한 전언과 단편적으로 말한 편언으로 나누어 설명한 것은 정이程頤가 인에 관해 전언과 편언으로 말한 것과 다른 듯하다고 문제를 제기했다. 정이는 "사덕의 원元은 오상五常의 인과 같으니, 편언으로 말하면 한 가지 일이오, 전언으로 말하면 네 가지를 포괄한다."라고 했다.[78] 원·형

77 金𡎺, 『遯溪集』 卷3, 「高山講義」. "丈席指以專言者而言 則此心之始發者仁 而宣著者禮也 云云 又以偏言者而言 則惻隱之發 始發者仁之仁 宣著者仁之禮 云云 與程子論仁處偏言則一事 專言則包四者 疑其有同異 從兄曰 此以心言 彼以仁言 其義不同 李壎亦以爲偏專之言雖同 而不可把作一例看也."

·이·정을 통괄해서 말한다면, 단지 하나의 원元일 뿐이다. 원은 생의生意로, 형은 생의가 펼쳐지는 것이며, 이는 생의가 완성되는 것이며, 정은 생의가 보존되는 것이기 때문이다.[79] 인이 네 가지를 통괄하여 의·예·지가 모두 인이 되는 것과 이치가 같다. 사단의 경우, 측은의 한 단서가 사양·수오·시비의 단서를 관통하여 총괄하는 것이다.[80] 그러므로 정이는 인을 편언으로 말하면 사덕 가운데 하나이지만, 전언으로 말하면 의·예·지를 포괄하는 것이라고 했다.

그런데 이상정은 전언으로 말하면 인은 마음이 처음 발한 것이며, 편언으로 말하면 측은이 발할 적에 처음 발한 것은 인仁의 인仁이라고 했다. 이 문제에 관해 김굉은 이상정의 설은 마음의 측면에서 말한 것이고 정이의 설은 인의 측면에서 말한 것이므로, 그 논의의 범주가 다른 것이라고 해석했다. 또한 이운李墰도 정이와 이상정이 사용한 편언과 전언이라는 용어는 동일하지만, 가리키는 의미는 다르다고 이해했다.

이에 대해 「고산강의」를 기록한 김선은 다음과 같은 입장에서 반대하는 견해를 제시했다.

78 程頤, 『二程集二·易傳』 「周易上經上」. "四德之元 猶五常之仁 偏言則一事 專言則包四者."

79 陳淳 저, 김영민 옮김, 『北溪字義』, 「仁義禮智信」, 예문서원, 1993, 123쪽. "總而言之 又只是一箇元 蓋元是箇生意 亨只是此生意之通 利只是此生意之遂 貞也只是此生意之藏 此元所以兼統四德."

80 陳淳 저, 김영민 옮김, 『北溪字義』, 「仁義禮智信」, 예문서원, 1993, 123~124쪽. "如仁兼統四者 義禮智都是仁 至其爲四端 則所謂惻隱一端 亦貫通乎辭讓羞惡是非之端 而爲之統焉 今只就四端不覺發動之初 眞情懇切時 便自見得惻隱貫通處."

> 나는 삼가 생각하건대, 이 부분은 정자의 설과 그다지 다른 뜻이 없다. 대개 인은 마음의 온전한 덕이다. 인이 마음에 보존되어 있는 것으로 말한다면, 이른바 '이 마음이 처음 발한 것' 이하는 '전언의 측면에서 말하면 네 가지를 포괄한다'는 것과 같다. 다만 이 부분에서는 작용으로 말했고, 저것은 본체를 겸하여 말한 것이 조금 다를 뿐이다. '측은의 발함'·'사양의 발함'이라 한 것은 이른바 '편언으로 말하면 한 가지 일이다'는 것과 같다. 다만 이 부분에서는 오로지 작용으로 말하여 사덕의 발함이 각기 사덕을 갖추고 있다고 한 것이 또한 조금 다를 뿐이다. 이 점이 바로 그 설이 본래 정자의 뜻에 근본하고 있는 것이다. 그런데 장언章彦(이운李墵)이 동일한 예로 보아서는 안 된다고 말한 것에 대해, 나는 그가 무슨 말을 한 것인지 알지 못하겠다.[81]

김선은 이상정의 설은 본래 정이의 설에 근원하고 있는 것이라고 밝혔다. 그는 인은 마음의 온전한 덕으로서 네 가지를 관통하여 포괄하는 것이므로, 인이 마음에 보존되어 있는 측면에서 말한다면, 이상정이 말한 '마음이 처음 발한 것' 이하 부분은 정이의 '전언하면 네 가지를 포괄한다.'는 설과 같은 것이라고 해석했다. 그러나 이상정은 이 부분에서 동動

81 金塇, 『遯溪集』 卷3, 「高山講義」. "塇竊謂 此與程子說 無甚異義 蓋仁者 此心之全德也 以仁存諸心而言 則所謂此心之始發以下 卽專言則包四者也 但此以用言 而彼則兼體言爲少異也 至於惻隱之發辭讓之發 卽所謂偏言則一事 而但此則專以用言之 而四德之發各具四德者 亦爲少異 此其爲說 固本乎程子之意 而章彦之不作一例看者 吾未知其何說也."

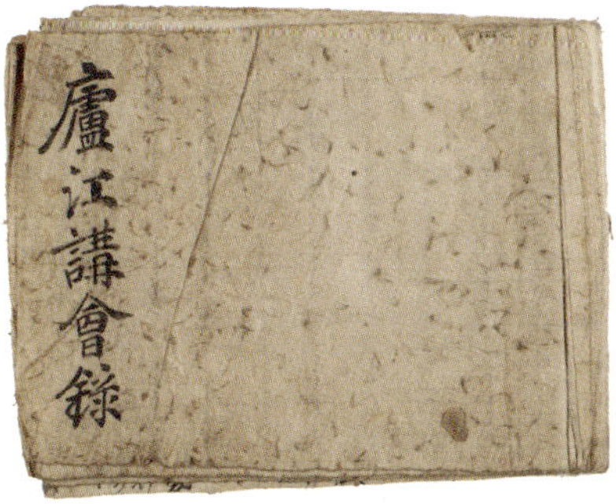

여강강회록
(한국국학진흥원 소장 -
한산이씨 대산종가 기탁자료)

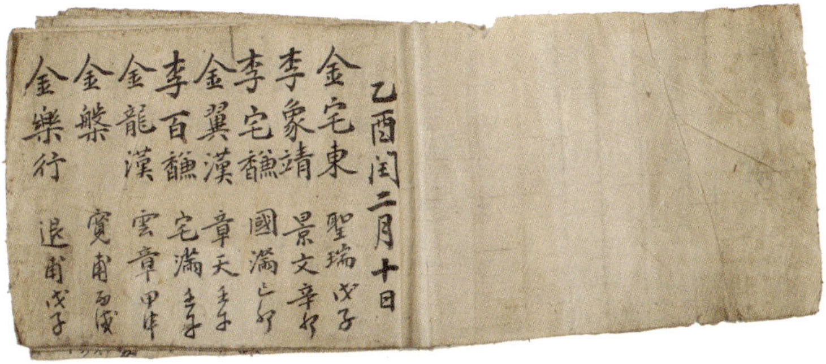

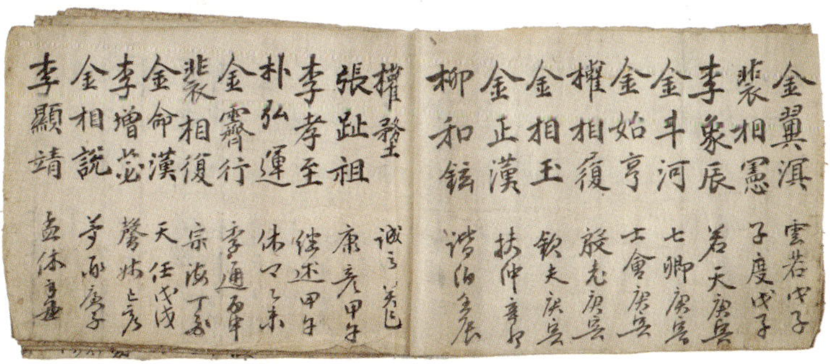

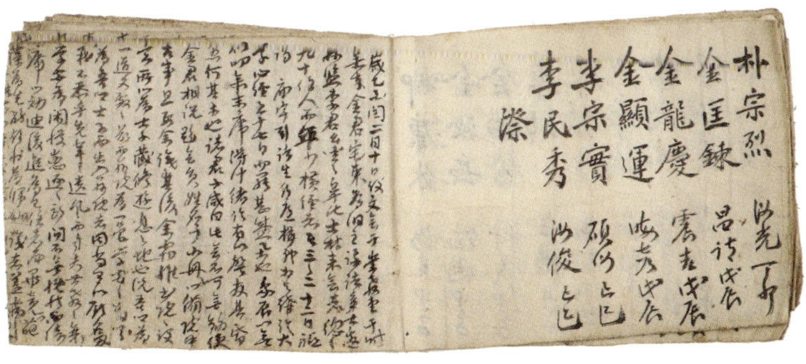

의 측면에서 사덕을 설명하고 있으므로 인의 작용에 한정하여 설명했고, 정이는 본체와 작용을 겸하여 말했으므로, 이 점이 다를 뿐이라고 그 차이점을 설명했다. 같은 맥락에서 이상정이 편언으로 말한 것은 오로지 작용의 측면에서 말하여 인·의·예·지가 발할 때 각기 그 안에 다시 사덕을 갖추고 있다는 것을 설명했으므로, 정이가 인은 단지 한 가지 일이라고 간략하게 말한 것과 조금 다를 뿐이라고 했다.

류치엄은 이상정의 학문을 열 개의 그림으로 요약한 「호학십도」에서 '제삼일성구사덕설도第三一性具四德說圖'에 대해, "이 설은 「인설仁說」 및 「옥산강의玉山講義」와 서로 표리가 된다. 사덕의 체용體用(본체와 작용)·편전偏專(단편과 통괄)·시종始終(시작과 마침)·분합分合(나뉨과 합함) 등에 관해 간단명료하게 드러내었으며, 원·형·이·정의 본래 묘맥苗脈을 유추하여 근원했다. 세 가지 설을 종합하여 살펴본다면, 성과 정의 오묘함을 손바닥 들여다 보듯이 환하 알 수 있을 것이다."[82]라고 했다.

류범휴 이후에는 류치명이 주도하여 강회를 이끌었다. 1831년 그는 고산서당의 동주洞主(당임堂任)가 되어 학생들을 선발해 서당에 기숙시키면서 공부하게 했다. 그리고 1846년 9월 고산서당에 유생 수백 명을 모아 놓고 주희의 「옥산강의」를 강론했다. 1857년 10월 그의 강학처인 만우정晩愚亭에서 유생 30여 명과 함께 이상정이 편찬한 『퇴계서절요退溪書節要』

82 柳致儼, 『萬山集』 卷4, 「湖學十圖」 第三一性具四德說圖. "按 此說與仁說玉山講義 相表裏 其於四德之體用偏專始終分合 直截發明 而又推本於元亨利貞之本來苗脈 合三說而觀之 性情之妙 可以指諸掌矣."

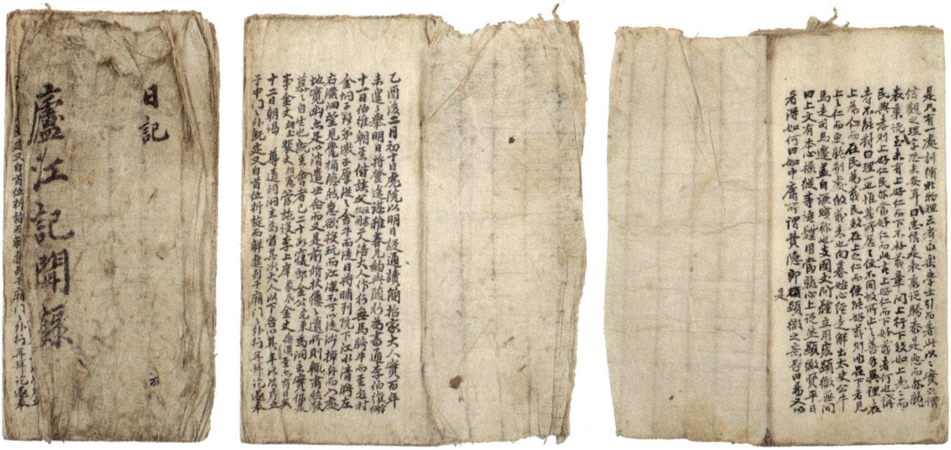

여강기문록(한국국학진흥원 소장 - 한산이씨 대산종가 기탁자료)

를 강독했으며, 1860년 6월 만우정에서 주희의 「인설」을 강론했다. 류치명이 주희의 「옥산강의」와 「인설」을 중요하게 여겨 강론의 교재로 삼은 까닭은 이상정 학문의 핵심으로 일컬어지는 세 가지 학설 가운데 「일성구사덕설」과 관련이 깊기 때문이다.

3. 이상정 후학들의 저술을 통한 호학 정립

이상정의 제자 및 후학들은 한편으론 상소를 통해 증직 · 증시 · 향사 등을 청원하고, 다른 한편으로는 이상정의 저술을 강론하면서 스승의 학문과 사상을 계승하기 위해 노력했다. 그리고 스승의 저술을 주제별로 분류하고 핵심을 요약하여 '호학'으로 정립하고자 노력했다. 이상정은 이황이 김성일에게 써준 「제김사순병명題金士純屛銘」의 의미를 밝혀 『병명발휘屛銘發揮』를 저술했다. 이후 김굉은 김성일의 묘비명을 쓰면서 병명에 대해 언급했으며, 이야순은 「병명도屛銘圖」라는 그림으로 표현했다. 류치엄은 여기에 이황의 「자명自銘」과 김성일이 이황의 행적을 기록한 글에서 핵심적인 내용을 뽑아 「병명발휘도屛銘發揮圖」를 그렸다. 이처럼 이상정과 그의 문도들은 병명의 중요성을 드러내어 그 의미를 밝히고자 했다. 병명의 내용이 주자학자들에게 도통 전수의 핵심 내용으로 이해되었던 '16자 심법心法'에 관한 것이므로 퇴계학의 정통이 김성일에게 전해졌다는 입장을 드러낸 것이라고 할 수 있다.[83] 16자 심법은 순임금이 우임금에게 왕위를 물려주면서 전수한 것으로, '사람의 마음은 항상 위태롭고 도를 추구하는 마음은 늘 미약하다. 오직 정밀하게 공부하고 한결같이 실천하여 진실로 중용을 붙잡아라[人心惟危 道心惟微 惟精惟一 允執厥中]'라는 내용이다.

이상정이 『병명발휘』를 통해 이황의 학통이 김성일에게 이어졌다는 것을 학술적으로 증명하고자 했다면, 이상정 사후에 그의 문도들은 스승의 저술을 정리하여 '호학'으로 규정하고 이황의 정통이 그에게 전해졌다는 것을 밝히고자 노력했다. 이와 관련된 저술로 여러 종류가 있는데, 그 중에서 대표적인 것이 대야大埜 류건휴柳健休(1768~1834)의 『계호

83 이상호, 「정재학파 성리학의 지역적 전개양상과 사상적 특징」, 『국학연구』 제15집, 한국국학진흥원, 2009, 62~63쪽.

학적溪湖學的』과 만산萬山 류치엄柳致儼의 『호학집성湖學輯成』이다.

『계호학적』은 13권 2책의 필사본으로, 이황의 도통이 이상정에게 있다는 사실을 밝히기 위해 두 사람의 학문 연원과 내용 및 그것이 목적하는 바가 동일하다는 점을 입증하려 한 책이다.[84] 『근사록』의 체제를 따라 ① 총론 위학지방爲學之方(학문 방법론), ② 치지致知(앎을 이룸), ③ 존양存養(마음을 보존하고 본성을 함양함), ④ 역행力行(힘써 실천함), ⑤ 제가齊家(집안을 공정하게 다스림), ⑥ 출처出處(관직에 나아감과 물러남), ⑦ 치도治道(국가를 다스리는 도리), ⑧ 치법治法(국가를 다스리는 방법), ⑨ 처사處事(일에 대처함), ⑩ 교인敎人(사람을 교육함), ⑪ 계근戒謹(경계하고 삼감), ⑫ 변이단辨異端(이단을 분변함), ⑬ 관성현觀聖賢(성현을 고찰함) 등 13개의 조목으로 분류하여 주제별로 이황과 이상정의 학설을 나란히 배열했다. 총 328항목으로 구성되어 있는데, 이황의 학설을 선별한 것이 181항목, 이상정의 학설이 147항목이다.

『호학집성』은 『대산집』·『대산속집』·『대산실기』·『경재잠집설』 등에서 핵심을 뽑아내어 『근사록』의 체제를 본떠 편찬한 책으로, 권1 도체道體(도의 본체), 권2 위학대방爲學大方(학문 방법의 큰 강령), 권3 궁리窮理(이치를 탐구함), 권4 존양存養(마음을 보존하고 본성을 함양함), 권5 역행力行(힘써 실천함), 권6 가도家道(가정의 도리)·출처出處(관직에 나아감과 물러남), 권7 치체治體(국가를 다스리는 요체), 권8 교학敎學(학생을 교육함) 등 9개 주제를

84 이상호, 「류건휴의 『溪湖學的』과 『異學集辨』에 나타난 후기 영남학파의 '도통'과 '벽이단' 의식」, 『동양철학』 제32집, 한국동양철학회, 2009, 84~85쪽.

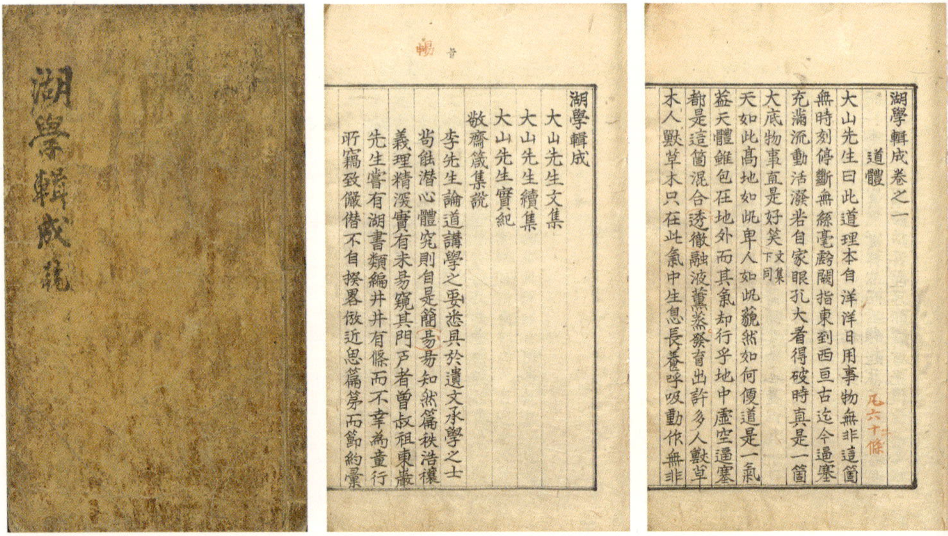

호학집성(한국국학진흥원 소장 - 한산이씨 대산종가 기탁자료)

8권으로 구성하고 500여 조목을 수록했다.

『호학집성』을 편찬한 류치엄은 서문에서, "이 선생께서 도를 논하고 학문을 강론한 뜻이 남기신 글에 모두 갖추어져 있으니, 그 분의 학문을 계승하는 자들이 잠심하여 체득하고 탐구할 수 있다면 이로부터 쉽게 알 수 있다. 그러나 분량이 방대한데다 의리가 정밀하고 깊어 실로 그 문호門戶(입문하는 곳)를 살피기가 쉽지 않은 점이 있다. 증숙조曾叔祖 동암東巖 선생이 예전에 『호서유편湖書類編』을 편찬하여 체계가 정연했는데, 불행히도 어린 사람이 훔쳐갔다. 그래서 내가 참람되이 자신의 역량을 헤아리지 않고 대략 『근사록』의 체제를 모방하여 요약하고 분류했으니,

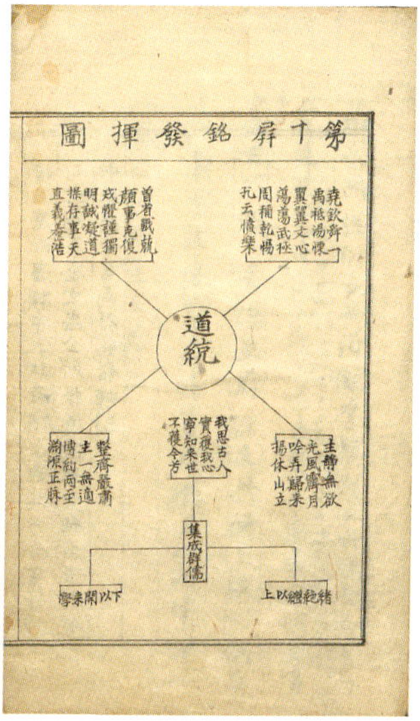

모두 500여 조목을 얻어 8권으로 정리했다."[85]라고 밝혔다. 그리고 서문을 작성한 시기는 1852년 가을로 기록되어 있다.

이를 통해 알 수 있듯이, 류치엄이 『호학집성』을 편찬하기 이전에 이상정의 제자이자 그의 증숙조인 동암東巖 류장원柳長源(1724~1796)이 찬집한 『호서유편』이 있었는데 어린 사람이 훔쳐가 분실되었다. 이에 류치엄은 류장원의 뜻을 계승하여 배우는 자들이 이상정의 학문과 사상을 체계적으로 이해할 수 있도록 『호학집성』을 편찬했다. 1854년에 류치엄은 류치명의 유배지인 전라도 지도智島로 찾아가 『호학집성』을 함께 통독하고 교정한 뒤, 류치명에게 서문을 요청했다.

류치명은 서문의 앞부분에서 "제목을 '호학집성'이라고 했으니, 선생이 영남의 영가永嘉(안동) 소호리에 거주하면서 유학을 크게 창도하여 당대에 종사宗師가 되었기 때문이다."[86]라고 하여, 이 책의 제목이 가지

85 柳致儼, 『湖學輯成』, 「湖學輯成序」. "李先生 論道講學之旨 悉具於遺文 承學之士 苟能潛心體究 則自是簡暢易知 然篇帙浩穰 義理精深 實有未易窺其門戶者 曾叔祖東巖先生 嘗有湖書類編 井井有條 而不幸爲童行所竊 致儼僭不自揆 略倣近思篇第 而節約彙分 凡得五百餘條 釐爲八卷."

86 柳致明, 『湖學輯成』, 「湖學輯成序」. "題其面 曰湖學輯成 以先生居嶺之永嘉蘇湖里 大倡斯學 爲世宗師也."

는 의미를 서술했다. 류치명은 '호학'이라는 명칭이 이상정의 거주지인 소호리에서 따온 것이지만, 더 큰 의미는 이상정이 유학을 창도하여 유림의 종사가 되었다는 것에 있음을 분명하게 드러내고 있다. '호학'이라는 이름으로 명명하는 자체가 이미 이상정의 학문이 하나의 차별화된 위상을 가지는 것이다. 달리 말하자면 유림의 종사로 추숭되는 이황의 학통이 이상정에게 계승되어 '호학'으로 정립되었음을 규명하는 것이다.

이와 같이 『계호학적』과 『호학집성』은 이상정이 퇴계학의 정맥을 계승한 사실을 학술적으로 증명하려는 의도에서 편찬된 저술들이다. 이외에도 이상정의 제자 및 후학들은 계속해서 여러 종류의 저술을 편찬했다. 소은素隱 류병문柳炳文(1776~1826)은 이상정의 학문을 사법師法으로 규정하고 그의 예설을 모아 「상제례문답喪祭禮問答」을 만들고 「호서요훈湖書要訓」을 지었다. 류범휴는 이상정 문하에서 견문한 학설을 바탕으로 「호상기문湖上記聞」을 남겼다.[87] 그리고 류치명은 그의 문인 이돈우李敦禹·류치엄과 함께 1845년 『대산실기』를 편찬하여 이상정의 행적을 정리하고 관련 기록을 집성했다.

또한 편찬자를 알 수 없는 두 종류의 책이 있는데, 『호서경의휘찬湖書經義彙纂』과 『호학진파湖學眞派』이다. 『호서경의휘찬』은 6권 3책의 필사본으로, 권1~2는 『중용』에 관한 설을, 권3은 『대학』에 관한 것을 『대산집』에서 뽑아 조목별로 모아놓았다. 권4~6은 '사칠리기변四七理氣辨'이

87 류영수, 「定齋 柳致明 硏究(1)」, 『동방한문학』 제44집, 동방한문학회, 2010, 179쪽.

대산선생실기(한국국학진흥원 소장 - 한산이씨 대산종가 기탁자료)

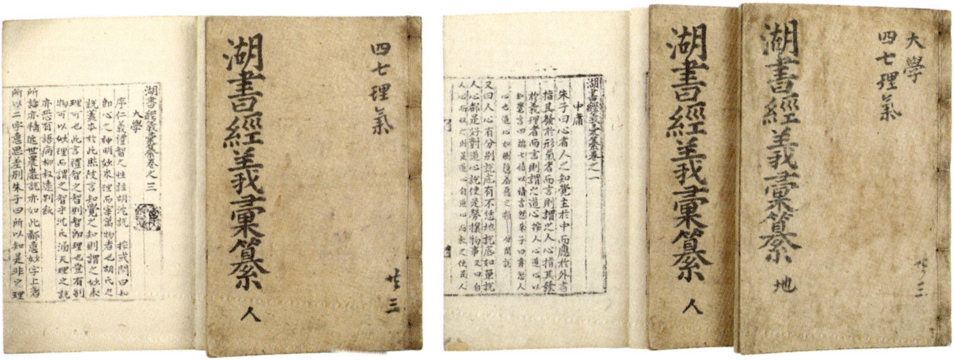

호서경의휘찬(한국국학진흥원 소장 - 한산이씨 대산종가 기탁자료)

라는 제목을 붙여 『대산집』에서 이기심성론에 관한 중요한 설들을 선별하여 정리했다.

『호학신파』는 불분권 1책의 필사본으로, 이상정의 아우 이광정 및 문인 이종수·김종덕 등의 문집에서 중요한 내용을 뽑아 정리한 것이다. 이광정과 이종수의 저술은 매우 소략하게 실려 있는 반면 김종덕의 글

고산서원 향사(한국국학진흥원 제공)

이 거의 대부분을 차지하고 있는 것으로 보아 김종덕의 문인 또는 그와 관련이 깊은 인물이 『호학진파』를 편찬하지 않았을까 하는 생각이 든다. 그리고 '호학진파湖學眞派'라는 이름으로 명명했음에도 불구하고 '호문삼로湖門三老' 가운데 한 명인 류장원에 관한 내용이 빠져 있는 점이 의심스러우며, 그 외의 이상정 문인들에 대한 내용은 왜 수록하지 않았는지 의문이 든다. 아마도 이 책은 미완의 것이거나 유실된 다른 부분이 있지 않을까 하는 추론도 가능한데, 아직 명확한 근거를 확인할 수 없다.

호학과 고산서원의 위상

1. 호학에 관한 후대 평가와 학술사적 의의

이상정의 성리설에 대한 이해와 후대 학자들이 그에 관해 평가한 내용들을 살펴본다면, 그가 당대에 추구한 노력이 한 때의 논설로 끝나지 않았음을 알 수 있다. 류치명은 이상정이 성리설의 쟁점을 종합화한 학풍을 계승하고자 힘썼다. 그리고 류치명의 문하에 출입한 한주寒洲 이진상李震相(1818~1886)은 주리론主理論의 강화를 주장하여 새로운 쟁점을 불러일으켰다. 이와 같은 학맥의 흐름으로 볼 때, 류치명은 이상정과 이진상의 중간단계에 놓여 있었다고 이해할 수 있다.[88] 류치명은 퇴계학맥에서 사단칠정설의 전통을 개관하면서, 먼저 이황에 의해 혼륜설과 분개설의 두 관점이 통합적으로 제시되었으나, 율곡학파의 혼륜설에 치우친 의론이 대두하자 이현일이 분개설의 입장에서 이를 비판하여 후학들을 깨우쳐 주었으며, 이상정이 다시 혼륜설과 분개설을 함께 취하여 이론의 균형을 잡았다고 이해했다.[89]

서산西山 김흥락金興洛(1827~1899)은 퇴계학파의 성리설이 리와 기가 서로 섞일 수 없다는 분개를 강조해 왔던 측면과 달리 리와 기가 서로 떨어질 수 없다는 혼륜을 동시에 고려하는 이상정의 학풍을 계승했다. 그리하여 사단칠정설에서도 혼륜을 말하는 때는 본성과 감정을 모두 혼륜하여 말할 수 있다고 하며, '모두 리가 발한다'라고 하거나 '본성이 곧 리

88 琴章泰, 『退溪學派와 理철학의 전개』, 서울대학교출판부, 2000, 110쪽.
89 琴章泰, 『退溪學派와 理철학의 전개』, 서울대학교출판부, 2000, 115쪽.

이다'라고 말하는 것은 리를 기에서 분리해내어[剔撥] 표현한 것이므로, 혼륜의 의미가 아니라고 구별했다.[90]

척암拓菴 김도화金道和(1825~1912)는 「사칠리발기발설四七理發氣發說」을 저술하여, 이상정이 「사단칠정설」에서 제시한 내용은 주희와 이황의 리발기발설理發氣發說이 리·기가 각각 운동하는 것으로 오해될 수 있는 점을 해결한 것이며, 혼륜간과 분개간의 관점을 균형적으로 조화시킨 것이라고 그 의의를 평가했다.[91]

수양론의 측면에서 이상정의 호학이 가지는 의미를 말한다면, 마음 수양이 추상적이거나 공허한 데로 흘러가기 쉬운 점을 간파하여 이를 극복하기 위해 일상생활 속의 구체적이고 실제적인 행위를 근거로 삼아 수행한 점이다. 내면은 은미하고 외면은 드러난 것이며, 내면은 형상이 없고 외면은 의거할 것이 있다. 존양의 공부를 할 때 볼 수 있고 의거할 수 있는 곳[외면]에서 해나간다면, 형상이 없어 볼 수 없는 것[내면]이 상황에 따라 보존될 수 있다. 만약 계속해서 형상이 없는 데에 나아가 집착하여 찾는다면, 맹자가 말한 '미리 기대하는 것[正]과 무리하게 이루려는[助長] 해로움이 있게 된다. 이런 마음 수양의 방법을 '외면을 제어하여 내면을 기른다[制外養中]'라는 말로 요약할 수 있다. 이상정의 초기 저술인 「만수록」에서 제시한 '제외양중制外養中'의 수양 방법은 이후에 『제양

90 琴章泰, 『退溪學派와 理철학의 전개』, 서울대학교출판부, 2000, 26쪽.

91 金道和, 『拓菴集』 卷10, 「四端理發氣發說」. "是以朱退之訓 有若判而貳之 而大山說 又合之如此 是所謂就同而見其有異 就異而見其有同者也 何嘗謂發於理者 無與於氣 發於氣者 無關於理 而氣自氣 理自理乎 何嘗謂理氣相雜 而理可以爲氣 氣亦可以爲理乎."

록制養錄』을 통해 체계화되었다.

사람이란 신체를 가진 존재로서, 내면에는 마음이 있으며 외면에는 귀·눈·입·형체의 작용과 윤리·행위의 대응이 있다. 이와 같이 내면-근본과 외면-말단의 구분이 있기는 하지만, 밖으로 드러난 행동과 대응은 마음의 운용이 구체적으로 드러난 실질이다. 그러므로 본체[體]와 작용[用]은 하나의 근원이며[一原], 나타난 것[顯]과 은미한 것[微] 사이에 간격이 없다[無間]. 그리고 내면의 정밀한 이치와 외면의 대체적인 이치, 자신에게 밀착된 가까운 일이나 외부의 먼 일이 서로 관통되어 애초에 다름이 없다. 주희는 내면을 올바르게 보존하기 위해서는 외면을 바르게 해야 한다고 강조했다. 이황도 이와 같은 주희의 견해를 깊이 이해하고 받아들였다. 그러므로 이상정은 학문을 잘하는 사람은 반드시 형체가 있어 볼 수 있는 외면으로부터 제재하고 다스리는 공부를 해나가 중심을 기르고 내면을 편안하게 하는 근본으로 삼는다고 했다. 그리고 이것이 마음을 붙잡아 보존하는 절묘한 방법이며, 몸을 수양하고 성찰하는 핵심적 방법이라고 했다.

이상정이 이와 같은 수양방법을 추구한 까닭은 당시의 학문 풍토를 비판적으로 인식했기 때문이다. 당시의 학문이 가지는 폐단은『소학』의 함양공부[내면을 기르는 공부]에 힘쓰지 않으며, 일상의 구체적 삶 속에서 탐구하고 실천하는 공부가 부족한 가운데, 성명性命·리기의 논의에만 몰두하는 것이라고 보았다. 그리하여 마음과 뜻이 항상 추상적 이론[上達]의 미묘하고 헤아리기 어려운 경지로 치달아 실질에 의지하고 내면에 밀착된 맛이 없다고 생각했다. 상달上達의 공부에 오래도록 힘을 쓰고 깊이 주의를 기울이지만, 일상에서 몸소 행하는 실질은 조금도 상응하는 것이 없으므로, 이해와 행동 및 마음과 입이 아주 딴판으로 분리되어 서로 일치하지 않게 되는 것이다. 결국 그들이 연구한 성리학은 구체적 실천[下學]에 근거하여 착실하게 공부를 쌓아간 것이 아니며, 그것의 목적도 자기를 올바르게 세우는 공부인 위기지학爲己之學이 아닌 남에게 보여주기 위한 공부인 위인지학爲人之學일 수밖에 없다고 지적했다. 이처럼 당시의 학풍이 가진 고질적인 폐단을 비판적으로 인식하여 하학下學을 통한 상달로 나아가는 공부를 강조했으며, 일상의 실제에 근거하여 참되게 터득하는 공부를 중시한 것이었다.

이상정은 처음부터 상달에 마음을 치달리고 도의 은미한 것을 추구하는 것은 속히 이루고 싶어 하지만 결국 도달하지 못하며, 하학으로부터 점진적으로 공부해 나간다면 일은 절반이지만 효과는 배가 된다고 생각했다. 따라서 두 공부 방법이 가지는 얻음과 잃음의 차이와 공허함과 참됨의 체험은 전혀 다를 수밖에 없다고 말했다. 같은 맥락에서, "이것은 참되고 저것은 공허하며 이것은 평이하고 저것은 험난하며, 이것은 근거가 있고 저것은 믿을 것이 없다. 나중에 쌓임이 오래되고 공부가 깊어지며 노쇠가 가득 당겨지고 웅덩이가 채워져 어느 날 지극해지는 날을 기다려 터득함이 있다면, 이전에 머리를 들어 올려 높이 보았던 것이 하루아침에 자기 집의 물건으로 손에 쥘 수 있을 것이다. 그리고 저들은 여전히 공허함을 펼쳐놓고 고원한 데로 치달아 굶주린 듯이 하나도 얻지 못할 것이다. 이는 예전의 군자가 낱낱이 살펴보고 단련한 것이 오래되어 그 얻음과 잃음 및 공허함과 참됨의 다름이 이와 같은 것을 보았기 때문이다. 그러므로 이러한 더딤을 달게 여기고 저러한 건너뜀을 부러워하지 않았으며, 이러한 일거양득을 지키고 저러한 속히 이루려다가 도달하지 못하는 것을 달가워하지 않은 것이다."라고 하여, 공부의 근거와 순서를 어디에 두느냐에 따라 그 결과는 확연히 다르다는 점을 강조했다.

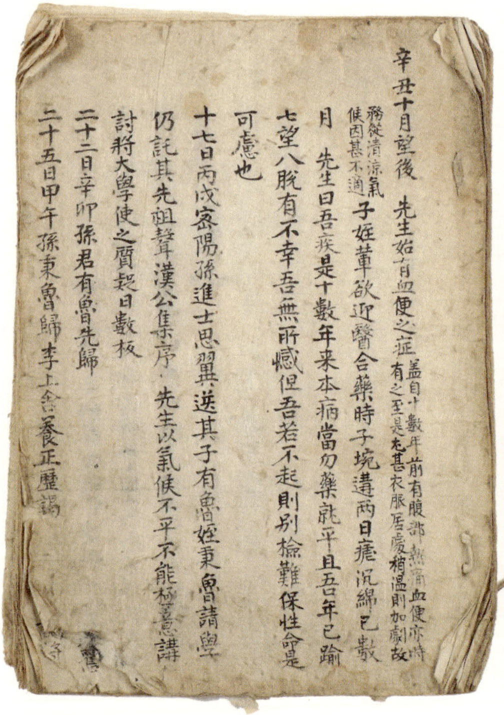

고종일기

결론적으로 성리학과 수양론의 측면에서 호학이 가지는 특징을 정리한다면, 구체적이고 실질적인 데에 근본하여 공부와 실천을 추구했다는 점이다. 그리고 이것은 당시의 학문 풍토가 가지는 문제점을 비판적으로 인식한 뒤, 그 병폐를 해결하기 위한 노력의 결과로 새롭게 구축되었다는 사실이다. 퇴계학파와 율곡학파의 성리설이 상호 대립적인 입장만 주장하고 있는 근본 원인을 타개하기 위해 혼륜간과 분개간의 회통을 강조했다. 학자들이 이론적 측면에 몰두하여 일상의 실제적인 삶에서 학문을 탐구하는 자세를 잃은 것에 대한 문제의식을 가져 실제에서 진정으로 터득하는 학문 체계와

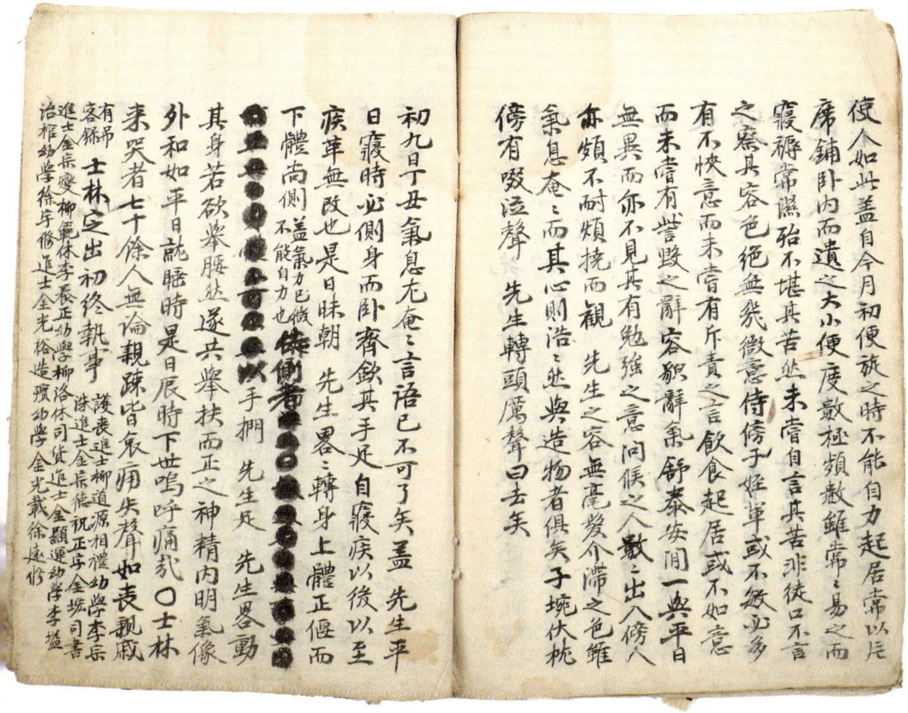

(한국국학진흥원 소장 - 한산이씨 내산종기 기탁자료)

수양론을 추구했다.

일상의 실제에 근거한 공부를 얼마나 중요하게 생각했는지는 다음의 일화가 극적으로 보여준다.

> 아침에 선생이 상의를 걸치고 의대를 띠도록 명했으며 제생들을 불렀다. 제생들이 모두 나아와 엎드렸는데, 선생의 기운이 이미 끊어지려 하고 기침

까지 더해져 말씀을 하실 수 없었다. 소산공이 "조금 전에 말씀하시려는 것을 제가 대신해서 고할 것을 청합니다."라고 하자, 선생이 눈을 뜬 후에 "전날 말하려 했던 것은 단지 평상일 뿐이요, 별다른 신기한 것은 없다. 그러나 평상 가운데 본래 오묘한 곳이 있다."라고 했다. 김종덕이 "종덕 등이 비록 불민하지만, 삼가 마땅히 가슴에 간직하여 잊지 않겠습니다."라고 했다.[92]

별세하기 하루 전날 문하의 제자들을 불러 마지막으로 그들에게 유언을 남겼는데, 그 말은 다름 아니라 평상에 힘쓰라는 것이었다. 죽음을 앞둔 순간에도 실지체득實地體得(실제적인 곳에서 체험하여 터득함)의 공부를 간절한 마음으로 제자들에게 당부하고 있는 것이다.

이상정의 외증손이자 호학의 중요 계승자인 류치명이 『대산실기』의 범례에서, "선생의 학문은 일상의 평이하고 비근한 데에서 벗어나지 않으면서 고원하고 심대한 데로 점차 나아갔다. 사람들을 가르칠 때에도 이것을 게시하여 근본과 문호로 삼았다. 이는 성문聖門에 가장 공로가 있는 점이다. 『대산실기』에 이 뜻이 아님이 없으니, 읽는 자들은 참으로 여기에서 깨달음을 얻어 오묘하고 갑작스러운 것을 희구하는 뜻을 없애며, 가깝고 비근한 것으로부터 공부하라고 말씀하신 뜻을 따라야 한다. 그렇게 한다면 실제에 근거할 수 있어 좇아야 할 것이 무엇인지 헷갈리

92 李象靖, 『大山實紀』 卷9, 「考終日記」. "平朝 先生命加上衣拖帶 招諸生 諸生咸造俯伏 先生氣息已奄奄 兼有咳逆 不能作語 小山公曰 俄者所教 弟請替告之 先生開目曰 前日所欲言 只是平常 別無新奇 然平常中 自有妙處 金宗德曰 宗德等 雖不敏 謹當服膺勿忘."

지 않으리라."[93]라고 특별히 강조했다.

그러므로 호학의 학문과 사상이 지향한 목표는 성리설을 이해하는 '관점의 균형'과 이론과 실천을 함께 견지하는 '하학상달의 조화'라고 볼 수 있다. 이러한 '관점의 균형'과 '하학상달의 조화'를 추구함으로써 영남퇴계학이라는 학파적 범위를 넘어 당대의 학풍이 가지는 문제점을 극복하고 새로운 학문과 사상으로 도약할 수 있는 계기를 마련했다고 볼 수 있다. 조선후기 영남퇴계학파 내에서 안동을 중심으로 수많은 후학이 호학을 새롭게 규명하고 계승하고자 노력을 기울인 까닭은 바로 이러한 학술사적 의의를 공감한 데에 근본적인 동인動因이 있었다.

2. 고산서원이 가지는 서원사적 의의

1181년(순희 8) 9월 22일에 주희는 절동浙東 제기提擧에 제수되어 직임을 수행했으며, 1183년 정월에 태주台州 숭도관崇道觀을 주관하는 봉사지에 차임되었다. 주희가 절동에서 막 담계潭溪로 돌아왔을 때 이미 조정에서부터 일어난 반도학反道學의 풍파가 뒤를 이어 불어닥쳤다. 주희가 진준경陳俊卿에게 보낸 편지에서 "제수하는 문서가 아침에 내리면 탄핵

93 李象靖,『大山實紀』,「大山先生實紀凡例」. "先生之學 不出於平常易近 而漸進於高深遠大 其教人 亦揭以爲本根門戶 此最有功於聖門者也 一書之中 無非此義 讀者誠有得於是 而去其希求妙忽之志 循夫自邇自卑之旨 方是有實地可據 而不迷於所從矣."

하는 글이 저녁에 들려왔습니다."라고 말했다. 표면상으로는 조정에서 여전히 그에게 부임하도록 재촉하였고 심지어 그에게 제수한 강서江西 제형提刑의 자리를 강동江東 제형提刑의 자리와 바꾸도록 허락하기까지 했다. 그러나 조정의 상하 관료들 사이에서 일어나는 반도학의 아우성에 주희는 무시무시한 공포를 느꼈다.[94]

주희가 사록관에 제수된 뒤, 세상 사람들은 그가 이로부터 참으로 궁벽한 산속에 모습을 감추고 두문불출하면서 자기를 수양하느라 자신과 세상이 서로 잊어버리는[與世相忘] 기인畸人이나 고사高士가 되려 한다고 여겼다. 그러나 주희가 진세塵世의 창생蒼生을 잊어버리려 생각한 적이 있었는가? 산림에 퇴거하여 강학하고 저술하는 일은 그가 현실에서 사방으로 벽에 부딪힌 뒤 줄곧 취해온 일종의 더욱 심원한 진취적 태도에 지나지 않았다. '내 도가 행해지지 않는다'는 그의 탄식은 "도가 행해지지 않으니 뗏목이라도 타고 바다로 떠나야겠다."라고 한 공자의 단호한 말과 흡사하다.[95]

그리하여 주희는 1183년(순희 10) 4월에 무이구곡武夷九曲의 다섯 번째 골짜기에 무이정사武夷精舍를 지어 낙성했다. 그곳은 이학理學의 '소왕素王(왕위에 오르지는 못했지만 제왕의 덕망이 있는 사람)'이 경전을 전수하고 도를 강론하는 당대의 유학 교육과 교화의 장소가 되었다. 드높고 웅장하고 깊은 무이산이 북쪽에서 남쪽으로 달리다가 우뚝 솟은 대왕봉大王峰

94 속경남 저, 김태완 옮김, 『주자평전』(상), 역사비평사, 2015, 1070쪽.
95 속경남 저, 김태완 옮김, 『주자평전』(상), 역사비평사, 2015, 1077쪽.

아래 한 줄기 급류가 띠처럼 아홉 차례나 꺾이며 어지러이 늘어선 바위와 절벽 사이를 휘돌아 내닫는 이곳이 바로 그 유명한 구곡계九曲溪이다. 다섯 번째 골짜기에 여울져 흐르던 물이 갑자기 느리고 깊게 흘러서 푸른 잔물결이 넘실거리는 곳에 거대한 병풍처럼 봉우리 하나가 땅을 뚫고 치솟아 있는데, 이것이 바로 대은병大隱屛이다.

무이정사는 이 대은병 아래 붉고 푸른 절벽이 휘돌아 감싸고 있는 평림주平林洲에 지어졌다. 수십 장丈 평방의 평평하고 넓은 땅이 펼쳐진 가운데, 교목과 등나무가 빽빽한 숲에 대[竹]들이 함께 서로 얽혀 엄폐하고 있었다. 1169년(건도 5)에 주희는 오부리五夫里 담계에서 30리 떨어진 무이의 이 승경에 배를 띄워 유람을 하였고, 늘 제자들을 데리고 다섯 번째 골짜기에 와서 강론하고 시를 읊었었다. 이때(1183년)에 이르러 그는 대은병 아래에 인지당仁智堂을 짓고 왼쪽에는 은구재隱求齋를, 오른쪽에는 지숙료止宿寮를 세웠다. 그리고 대나무를 헤치고 오塢(가장자리가 높고 가운데가 낮은 산지)를 열어서 돌을 쌓고 문을 세운 뒤, 오 안에는 관선재觀善齋를 세워서 사방 학자들을 거주하게 하고, 문을 마주한 곳에는 한서관寒棲館을 세워서 우객도사羽客道士들이 모여서 거주하게 했다. 또 산꼭대기에는 만대정晩對亭을, 계곡 가까이에는 철적정鐵笛亭을 세웠다. 앞산의 입구에는 사립문을 세우고 무이정사의 편액을 걸었다. 천하 후세에 이름을 떨친 무이정사는 뜻밖에도 이와 같이 거칠고 누추한 규모였던 것이다.[96]

이황은 도산서당 일대를 비록 인위적이나마 청정하고 엄숙한 수도修道의 장소로 꾸미려 했다. 이황은 암서헌巖棲軒에서는 주희가 운곡雲谷에 은거한 지취를 생각했고, 완락재玩樂齋에서는 주희가 주돈이의 태극론太極論을 완상하고 즐긴 일을 본받아야 하겠다는 각오를 새롭게 했으며, 관란헌觀瀾軒에서는 공자가 시냇가에서 물이 밤낮으로 흘러가는 것을 찬탄한 것의 의미를 깊이 음미했다. 또한 천연대天淵臺에 올라서 '솔개는 날아 하늘에 이르고 물고기는 연못에 뛰노네[鳶飛戾天 魚躍于淵]'라는 『시경』의 구절이 어째서 천리의 오묘한 작용을 암시하는가를 깊이 사색했고, 천광운영대天光雲影臺에 이르러선 주희가 지은 「관서유감觀書有感」의 심오한 비유가 지시하는 참뜻을 거듭 깨우쳤다. 그리고 농운정사隴雲精舍 현판 앞에서는 구곡산九曲山에 은거하며 '산중재상山中宰相'으로 일컬어졌던 도홍경陶弘景의 인품을 떠올렸으며, 곡구문谷口門을 지날 적엔 한나라 때의 은자인 정자진鄭子眞으로부터 참된 은거의 뜻을 배웠다. 정우당淨友塘 앞에서는 연꽃을 바라보며 주돈이를 생각했고, 절우사節友社에서는 소나무, 국화, 대나무, 매화의 절개를 가슴에 새겼다. 그러므로 도산은 이황에게 신성하고 절대적인 도道의 세계 즉 도학적 소우주였다.[97]

이상정은 주희가 무이구곡을 설정하고 「무이잡영」을 읊었던 것과 이황이 도산을 경영하고 「도산잡영」을 지었던 것을 이어받아 자신이 거주하고 있는 산수 공간에 알맞게 적용했다. 이황이 추구한 완락재의 낙樂의 전통은 이상정의 '낙재樂齋'로 이어졌다. 이상정은 만상萬象과 사귐에 자신의 즐거움이 만상과 더불어 무궁하다고 했다. 그는 인지仁智의

96 속경남 저, 김태완 옮김, 『주자평전』(상), 역사비평사, 2015, 1079~1780쪽.

97 송재소, 「퇴계의 은거와 〈도산잡영〉」, 『퇴계학보』 제110집, 퇴계학연구원, 2001, 335~336쪽.

즐거움과 풍영諷詠의 정취는 모두 만물과 함께 하는데서 얻은 것이라고 생각했다. 또한 이상정은 고산정사를 짓고 '인을 좋아함[好仁]'을 표방했다. 그는 이황의 이학을 정리하면서 산수로 대표되는 자연 속에서 '인지仁智'와 '명성明誠(선을 분명하게 알고 자신을 진실되게 하다)'을 다시 제기하여 주희와 이황의 이학을 구현하려고 했다.[98]

이처럼 주희의 무이정사로부터 이황의 도산서당을 거쳐 이상정의 고산정사에 이르기까지 전해져 내려온 이학의 전통과 산수 경영의 지향을 생각해 볼 때, 고산정사는 단순히 건축적 의미를 넘어 동아시아 학술사에서 그 전승의 의미를 짚어보아야 할 것이다. 이상정의 후학들은 강당을 건립하여 고산서당으로 규모를 확장한 뒤, 이곳에서 강론을 통해 스승의 학문을 계승했으며, '호학'이라는 학파적 정체성을 확립하여 관련 저술들을 편찬했다. 그들에게 고산서당은 "선생께서 평소 도를 강론하시던 장소이고 산천은 예전 그대로여서 어제인 듯 생전의 모습이 생생하기" 때문이었다. 주희의 무이정사, 이황의 도산서당, 이상정의 고산서당은 자연 속에서 천리를 체험하고 자신의 본성을 함양하면서 제자들과 함께 학문을 강론한 곳으로, 도道의 본원을 깨닫는 수행처이자, 유학의 학맥을 계승하는 전승처였다.

또한 고산서원은 서원사書院史의 측면에서도 그 의의가 크다. 고산정사에서 고산서당으로 확장되고 마침내 고산서원으로 완비되는 과정

98 권오영, 「퇴계의 〈도산잡영〉의 이학적 함의와 그 전승」, 『한국한문학연구』 제46집, 한국한문학회, 2010, 124~125쪽.

을 단계별로 보여주고 있으며, 『고산지』와 『대산실기』를 통해 그 연혁을 구체적으로 확인할 수 있다. 그리고 「재거학규」, 『고산서당절목』, 『고산지』「고산절목」 등을 통해 고산서원이 지향한 교육 목표와 운영 규정을 분명하게 고찰할 수 있다. 1760년 고산정사의 완공으로부터 1917년 경행사에 이상정의 위판을 봉안하고 1985년 이광정을 배향하는 데에 이르기까지 225년이라는 유구한 세월이 흘렀다. 그럼에도 불구하고 이상정의 후학들과 후손들은 고산서원이 담고 있는 학문과 사상을 계승하기 위해 국가에 상소를 올려 청원하고, 강학 모임을 개최하며, 저술을 편찬하고 간행하는 등 자기의 당대에 자신들이 맡은 소임을 다하고자 노력했다. 만약 이들에게 호학에 대한 학술사적 확신과 대산학맥에 대한 학파적 책임의식이 없었다면 이런 놀라운 헌신의 결과들이 오늘날까지 전해질 수 없었을 것이다.

고산서원 호인당에서 유림이 읍揖하는 모습(한국국학진흥원 제공)

참고문헌

주희(朱熹), 『주자대전(朱子大全)』.

__________, 『중용장구(中庸章句)』.

김도화(金道和), 『척암집(拓菴集)』.

김선(金墡), 『돈계집(遯溪集)』.

류치엄(柳致儼), 『만산집(萬山集)』.

______________, 『호학집성(湖學輯成)』.

이광정(李光靖), 『소산집(小山集)』.

이병원(李秉遠), 『소암집(所菴集)』.

이우(李瑀), 『면암집(俛庵集)』.

이상정(李象靖), 『대산선생실기(大山先生實紀)』

______________, 『대산집(大山集)』.

______________, 『이기휘편(理氣彙編)』.

이황(李滉), 『퇴계집(退溪集)』.

권오영, 『조선후기 유림의 사상과 활동』, 돌베개, 2003.

금장태, 『퇴계학파와 리(理)철학의 전개』, 서울대학교출판부, 2000.

김근호 외 옮김, 『국역 대산선생실기』, 한국국학진흥원, 2012.

이상정, 『국역 대산집』, 한국고전번역원.

속경남 저/김태완 옮김, 『주자평전』, 역사비평사, 2015.

진래(陳來) 저/이원석 옮김, 『인학본체론(仁學本體論)』, 글항아리, 2021.

진순(陳淳) 저/김영민 옮김, 『북계자의(北溪字義)』, 예문서원, 1993.

『한국사』 9, 한길사, 1994.

권오영, 「퇴계의 〈도산잡영〉의 이학적 함의와 그 전승」, 『한국한문학연구』 제46집, 한국한문학회, 2010.

류영수, 「정재 류치명 연구(1)」, 『동방한문학』 제44집, 동방한문학회, 2010.

송재소, 「퇴계의 은거와 〈도산잡영〉」, 『퇴계학보』 제110집, 퇴계학연구원, 2001.

이상호, 「류건휴의 『계호학적』과 『이학집변』에 나타난 후기 영남학파의 '도통'과 '벽이단' 의식」, 『동양철학』 제32집, 한국동양철학회, 2009.

______, 「정재학파 성리학의 지역적 전개양상과 사상적 특징」, 『국학연구』 제15집, 한국국학진흥원, 2009.

임노직, 「고산칠곡의 의미론적 양상 - 고산정사를 중심으로 - 」, 『안동학연구』 제16집, 한국국학진흥원, 2017.

정만조, 「한국 서원의 역사」, 『한국학논총』 제29집, 국민대학교 한국학연구소, 2007.

김은정, 「『대산집』 해제」, 한국고전번역원, 2001.
http://db.itkc.or.kr/dir/item?grpId=hj#/dir/node?grpId=hj&itemId=MI&dataId=ITKC_MI_0531A

한국의 서원 100선
○○⑤

고산서원

영남 퇴계학의 중흥

초판1쇄 발행 2025년 11월 30일

기획 한국국학진흥원 인문융합본부
지음 전병철
사진 류종승

주간 조승연
편집 · 디자인 오경희 · 조정화 · 오성현 · 신나래 · 박선주 · 정성희
관리 박정대

펴낸이 오경희
펴낸곳 문예원
창업 홍종화
출판등록 제2007-000260호
주소 서울 마포구 토정로25길 41(대흥동 337-25)
전화 02) 804-3320, 805-3320, 806-3320(代)
팩스 02) 802-3346
이메일 minsokwon@naver.com
홈페이지 www.minsokwon.com

ISBN 979-11-90587-68-6
SET 979-11-90587-63-1 94380